保育から世界が変わる

大豆生田啓友対談集

著者 大豆生田啓友

聞き手 木村明子

対談者 渡邉英則・無藤 隆・汐見稔幸・山口慎太郎・明和政子・村上靖彦・荒牧重人・秋田喜代美

北大路書房

はじめに ――「保育から世界が変わる」とは？

「保育から世界が変わる」

実に大胆なタイトルがついた対談本です。ちょっと、ドキドキなのが本音です。でも、本気でそれを願って、本書がつくられました。

そもそも、「世界」とは何か。ここでは簡単に、「私たちが生きている社会あるいは生活世界のすべて」、くらいの意味としておきましょう。「保育から世界が変わる」って、かなり大きなテーマではありますが、ちょっと考えてみてください。いま、子育てが大変なのも、少子化が進んでいるのも、子どもの体験が不足しているのも、自己肯定感が低いのも、不登校が増えているのも、保育の負担感が大きいのも、すべては私たちの社会の在り方を反映しているといえるでしょう。それは、たとえば、経済優先の社会、効率優先の社会、個人優先の社会、等々、挙げていけばきりがありません。つまり、私たちが生きている世界の問題なのです。それは言い換えれば、私たちは保育という営みを通して、社会課題に対峙しているといえるのです。まさに社会問題は保育問題でもあるのです。

いま、私たちが掲げている保育の在り方として、子ども主体や人権を重視する保育、遊び中心の保育、自然との関わりを重視する保育、対話を重視する保育、家庭や地域とのつながりのなかで協働的に行う保育等々があります。これらは、子どもの最善の利益やウェルビーイングの観点から考えられているものですが、同時に私たちの社会全体のウェルビーイングにつながる視点でもあります。経済優先、効率優先、個人優先の社会は子どもが健全に育つことに困難さをもたらします。しかしそれは同時に私たち大人やその社会の健全さにも闇をもたらすものです。子どもの問題は私たちの社会全体の問題、私たちの生活世界全体の問題でもあります。つまり、保育の問題を考えることは、私たちの社会や生活世界の在り方にダウトをかけることなのです。

いま、日本のみならず私たちが生きている世界は大きな危機に直面しています。出生率減少に伴う人口減少問題（一方で世界的には人口爆発）、地球温暖化に伴う気候変動やエネルギーの問題、戦争や紛争などによる平和の問題、差別や人権の問題、農業や食の問題、廃棄の問題、テクノロジーの問題、等々。世界は持続可能な社会の実現に向けての課題にあふれています。そうした時代背景のなかで、社会変革にどうコミットしていけるかは、すべての分野での待ったなしの課題です。そしてそれは、子どもたちの現在と未来の問題でもあります。

特に、新型コロナウイルスの世界的な蔓延は、私たちの生活世界の在り方に大きな課題を投げかけました。なかでも、マスクやソーシャルディスタンスの問題は、人と人とのコミュニケーションの在り方だけではなく、人生のスタート地点にいる乳幼児にとっては世界への絶対的な信頼関係を築く重要な時期の関係性構築機会の断絶にもつながり得るという問題があったことは言うまでもありません。そして、国が人の行動を統制することの問題など、国による人権意識の違いが露呈したのです。日本の場合はどうだったでしょうか。多様な人の権利が尊重されたでしょうか。この対談は、コロナ禍において行われたため、本書においてはコロナ禍の問題に触れられていますが、それもとても重要な問題提起となっているのではないかと思います。

本書は、以上のような問題意識を背景にもちながら、対談が行われました。本書の第一の特徴は、これまでわが国の保育界をリードしてきた渡邉英則先生、無藤隆先生、秋田喜代美先生と、保育の過去と現在を語りながら、未来の方向性を考える場となっていることです。おそらく、保育の歴史的な資料としても重要なお話をうかがえたと思っています。尊敬するこの三名の先生方には私がうかがいたかった内容をざっくばらんに聞いています。まさに、保育のこれまでとこれからが見えてくる内容になっているかと思います。

そして本書の特徴の第二は、他領域の第一線の研究者との対談となったことです。苫野一徳先生（哲学）、山口慎太郎先生（経済学）、明和政子先生（比較認知発達科学）、村上靖彦先生（現象学）、荒牧重人先生（法学）と対談を行わせていただきましたが、保育が世界とコミットする新たな方向性を示唆いただける対談となりました。この五名の先生方との対談の冒頭には「この章の1冊」として対談の内容の手がかりとなる本を一冊取り上げています。対談をお読みいただき、特に関心をもたれた先生のご研究をもっと知りたい方は、ぜひそちらもお読みいただくことをお勧めします。これからますます、このような他分野の専門家とのコラボレーションが重要になってくることを実感した対談となりました。

八名の方のお話のすべてが、実に素晴らしかったです。そして、これらの対談は直接的に保育から世界が変わることや持続可能な社会の在り方について話したものではありませんが、それぞれのお話に、そうした社会的な視点に通じるものがあり、本書全体を読んでいただくことで、そこにつながってくる実感がじわじわと浮かび上がってくると思います。一見小さく見えるかもしれない、毎日の目の前の小さな子どもとのあれやこれやの保育の営みが、大きな社会や世界とつながり得るものの一端として見出させてくれるのです。だからこそ、本書を多くの保育関係者に読んでほしいと思っています。そして同時に、保育という営みがいかに社会において重要な営みであるかを知っていただくために、保育関係者以外の方にも読んでいただきたいのです。

なお、本書は、私が敬愛するお二人、ライターである木村明子さん、編集者である北大路書房の西吉誠さんと共につくられています。私と対談者が語った言葉をいかにリアリティをもって伝えるか、その言葉のもっている背後の意味まで丁寧に映し出そうとしていることに何度も感動しながら、本書の作成を行ってきました。また、校正の段階では、北大路書房の岡田直子さんに細かい部分まで丁寧に校正・校閲いただきました。さすが、プロのお仕事です。読者のみなさまにはそこまで味わっていただける本ではないかと思います。

本書はお好きなところから、どの方との対談から読んでいただいてもよいかと思います。ただ、どの方のお話もとても魅力的なので、最終的にはすべてをお読みいただけると幸いです。そして、多くの場で「保育から世界が変わる」という視点から対話をしていただけるとうれしいです。おそらく、「世界が変わる」という巨大なテーマに対して、本書はその入り口に過ぎないのだと思います。でも、「世界」は私たちの現実と別のところにある単なる三人称の世界なのではなく、私たちの目の前の現実とつながっている二人称的な世界なのです。言い換えると、私たちが生きている世界とつながっているのです。本書を通して、保育と世界の関係性の話題があちこちに広がっていくことを願っています。

二〇二四年一二月

大豆生田　啓友

目次

渡邉 英則

×

大豆生田 啓友

1

なぜ、僕らは、保育の世界に引き込まれたか

面白さと葛藤のはざまで

渡邉 英則 Watanabe Hidenori

学校法人渡辺学園 港北幼稚園園長、認定こども園ゆうゆうのもり幼保園園長。青山学院大学大学院博士前期課程修了。関東学院大学、國學院大學、田園調布学園大学大学院の非常勤講師。日本保育学会評議員、文部科学省「幼児教育と小学校教育の架け橋特別委員会」委員、全国認定こども園連絡協議会副会長、横浜市幼稚園協会副会長。
主著 『子どもを「人間としてみる」ということ』（共著、ミネルヴァ書房、2013年）、『保育原理（新しい保育講座）』（共編著、ミネルヴァ書房、2018年）、『障害児保育（アクティベート保育学）』（共編著、ミネルヴァ書房、2021年）など。

出会った頃――それぞれの背景

大豆生田：僕が保育や子どもの関係の仕事に携わり続けているのは、渡邉さんの存在がとても大きいと思っています。僕は青山学院大学（以下、青学）の第二部（夜間）に通っていたのですが、僕が三年生の時に、渡邉さんは別の大学を卒業後にそこに入って来られた。そこで出会ったことがすべての始まり、私にとっての始まりでもあると思っています。渡邉さんのほか、いま、フリーランスで現場のアドバイザーを行っている相馬靖明さんも先輩としていました。

その後、渡邉さんとは今日まで何十年も毎日のように会っていたような気がしますが、改めて、渡邉さんが青学に入学なさったきっかけからうかがえますか。

渡　邉：僕の親が幼稚園の理事長・園長で、……つまり僕は二代目だったんですが、もともと最初の大学では機械工学を学び、後継ぎにはならないという固い決意をもっていました。ところが紆余曲折あって幼稚園を継ぐことになった時、当時は、第二部（夜間）で幼稚園教諭一種免許を取得できるのは青学しかなかったため編入をしようと考えたんです。

ところが編入一年目、実は当時の青学には誰一人として幼児教育の専門家がいなかったんです。小学校教育を専門とする先生が、「幼児教育はわからないけど……」とおっしゃりながら教えてくれるような状況で。

ただ、個人的には一年目はすごいラッキーでした。「保育理論」では中世の子ども観といった話を聞いたりして、それなりに興味深く、このまま免許取れたらラッキーだと思っていたんです（笑）。その時の状況で言えば、保育・幼児教育の専門家がいなかったけれど、青学に限らず、そもそも当時は（世の中全体に）幼児教育そのものが確立していなかった、おそらく。そういう状況のなかで、僕は免許取得のためにひょこっと青学に行ったことになります。

大豆生田：僕自身も、当初は幼稚園教諭免許を取るつもりはさらさらなく……でも、小学校教諭の免許は取りたいと考えていたところ、青学の第二部（夜間）だけ入れてもらえたんです。ところが教育を学問として学ぶなんて私には何も面白くなかった。まったく関心を抱くことができずに一年生と二年生を過ごしていました。

渡　邉：ところが、そのあたりのタイミングで、青学には幼児教育がわかる人がいなければならないという機運があったのでしょうか、高杉自子先生[*1]が当時の文部省（現：文部科学省）を退官されて、ちょうど僕が編入した二年目の時から、一九八六年になるのかな……、青学に非常勤でいらっしゃることになったんです。で、高杉先生の授業に出席し始めました。

そこでたいへんなショックを受けた。当時、僕は、昼間は実家の園に勤めていて、夜は青学で高杉先生の授業を拝聴するんですが……、どうにも噛み合わないんですよ。

昼間は子どもたちに鼓笛や造形制作など一斉活動に取り組ませたりしているのに、高杉先生が保育実践のビデオを通して話してくださる話は、子どもが遊んでいるんですから……。

「え？　これが保育なの？　これが幼児教育!?」。そして、今も忘れられないのですが、

＊1　**高杉自子**（たかすぎ・よりこ：一九二四―二〇〇三年）
一九四四年に東京第一師範学校女子部本科卒業後、東京都公立学校教諭（一九四四―四六年）、東京学芸大学附属竹早小学校教諭、同附属幼稚園教諭・教頭（一九四六―六五年）を歴任。その後、東京都教育庁指導主事（一九六五―七四年）、東京都教育庁副参事・主任指導主事（一九七四―七七年）、文部省初等中等教育局幼稚園課教科調査官（一九七七―八五年）、文部省初等中等教育局教育助成局視学官（一九八四―八五年）を歴任し、一九八六年から昭和女子大学教授として、保育者の養成と保育実践研究の発展にも尽力。一九八九（平成元）年の「幼稚園教育要領」改訂においても中心的な役割を果たす。高杉氏が残した保育者・保育界にとって重要と思われる論考を厳選したものとして、以下の書籍がある。子どもと保育総合研究所（編）『子どもとともにある保育の原点』ミネルヴァ書房、二〇〇六年。

あるビデオを見た時に高杉先生が、「子どもや保育のことがわからない人は、こういうビデオ見た時に、危ないんじゃないかとか、しつけはどうしているんだとか、男の子は映っているけど女の子は映っていないとか、そういうことばかりに目がいくんですよ」とおっしゃる。……で、自分は見事に〝そっち側〟にいるわけです。

そういう状況がしばらく続きながら徐々に「幼児教育ってこういう世界なんだ……」というのがわかってきて、幼児教育って面白いんだ……と気づいていくんですよね。ありがたいことに、高杉先生が実習指導に行く時もついて行かせてもらえたし、当時の公立幼稚園の研究会にもついて行ったりしました。そうした時に、大豆生田先生が登場するんです。

「保育・幼児教育」の在りようをいかに伝えるか

大豆生田：高杉先生の授業では、とりわけ映像の用い方が衝撃的でした。当時、「遊びが幼児教育である」と謳われながらも、なかなかわかりにくいなかで、子どもの姿を追っていきながら、子どもたちの遊びのなかにいかにさまざまな物語があるか、そして、子どもの思いや関心、育ちや学びの物語があるかということを、ビデオを止めながら見せていくという手法には目を見張りましたよね。

それまでの僕らは、「教育とは、黒板を背にした大人がいかに子どもたちに教えるか」という話に終始していた。そういう教育の在りように息苦しさを感じていたのだけれど、高杉先生の映像を見て、「これが幼児教育だ」と言われた時には、天地がひっくり返る思いをしました。

一方、渡邉さんは、今お話しくださったように、ご実家の「港北幼稚園」が、その真逆の保育を展開していた……と言っても、当時の多くの幼稚園では、そういう姿が当たり前で、一般的でしたよね。

渡　邉：退職なさった小学校の校長先生が園長になるというケースもとても多かったですし。すると、ミニ小学校のような幼稚園になっていったり、どうかすると、小学校よりずっとピシッとしていたりする……。鼓笛隊の取り組みでは、子どもたちの足並みがきっちり揃っている。そういう様子を挙げて園の特色を語り、園児募集をするという面がありました。

ところが、高杉先生が伝えてくださる幼児教育の在り方はまったく真逆でした。こういう世界があるんだという、あの時の衝撃は今も忘れ難く思います。ですが、結局、今でも、保護者の皆さんがお子さんの通う幼稚園選びをする時に、少なからずピシッとしていなければならないと思っている方たちはいます。いかにこれぞと思う保育・幼児教育に取り組んでいくか。このことを、大人はどこかで、真剣に考える必要があるんです。

最近では、小学校だって子どもたちを一方的にピシッとさせるのではなく、子どもたち自身が一人ひとり自分を出しながら学び合っていく姿に向かっていっています。高杉自子先生や森上史朗先生[*2]は、あの頃から、その重要性を我々に伝えていたんです。しかも、あの当時から映像でそれを見せていたということは、ものすごいことなんですよね。

大豆生田：視覚的に学びましたね。映像に映る子どもの姿の一コマ一コマから幼児教育を理解しよう、子どものことを理解しようと、かなり先駆的になさっていたんですよね。

＊2　**森上史朗**（もりうえ・しろう：一九三一―二〇一九年）一九五五年に東京教育大学教育学部心理学科卒業後、一九七〇年大妻女子大学助教授、一九七五年文部省初等中等教育局幼稚園課教科調査官、一九八〇年日本女子大学助教授（のち教授）、一九九七年青山学院大学教授を歴任。幼児教育の研究と共に保育者の養成にも尽力した。一九八九（平成元）年の「幼稚園教育要領」改訂では、高杉自子氏と共に中心的な役割を果たした。

渡　邉：当時の文部省がつくっているビデオは、とても手間ひまかけていました。撮影の前に、制作スタッフが一週間以上映像を撮らないで子どもの様子を観察したり、音声の人は子どもの声を聞いたら名前がわかるようになるまで見つめ続けるなど、制作スタッフの方々も高杉先生たちとたいへん綿密に事前準備を重ねていらした。脚本はないんです。ですが、どういうことが起こりそうとか、この先生の保育はこういうところがいいとか……その場その場で見通しながら映像をつくっていったんですよね。

大豆生田：そして、何度も何度も見る、その繰り返し。「この子のこの姿、こうだよね」とみんなで映像を止めては対話をしながら、理解を深めるという方法……。

渡　邉：そう。それを徹底的にやる。そして森上先生が後で「保育カンファレンス」という言葉を言い出していく。子どもを知っていく面白さについては、高杉先生が取り組み始められ、その後、森上先生が来られるんだけど、そういった場で僕らはその面白さを教えていただいたと思うんです。

大豆生田：何度も何度もそういった映像を繰り返し見るなかで、子どもたちがどれだけ豊かな世界を生きているかっていうことを、小さな場面のなかで発見していく。子どもの物語、保育の物語を探るって当時、言いましたね。[*3] それは今でも僕らの財産だと思います。

「プロセス」に気づく時

大豆生田：そして語り合いながら、みんなで発見するというプロセス……今で言う「(保

＊3　大豆生田啓友・高杉展・若月芳浩・渡辺英則「『保育の物語を探る』事例研究の試み」『保育学研究』第三四巻第一号、一九九六年、一二一―一九頁。

育）カンファレンス」に散々取り組んだんです。それは映像だけではありませんでした。僕らはラッキーなことに、高杉先生について行って、現場で一緒にビデオを撮らせてもらいながら（目の前の）子どもたちを見ていた。

高杉先生は「じゃ、この子たち見てて……」と言って、僕らは映像を撮ってるんだけど、その後の園内研修で先生たちと話すと、高杉先生はその場にいなかったはずなのに、そこで起こっていたことが僕よりはるかにわかっている。

なぜこんなに見えるんだ……と思いましたね。高杉自子先生とご一緒すると、もう別格でした。なぜ、こんなにも子どもたちが見えるんだ。衝撃的でした。それは、一つの遊びの群れを見ながら、同時に俯瞰的にあるいは関連づけながら他の遊びの群れも見ているのです。僕らは、高杉先生と一緒に新しいビデオを見るなかで、当時はただただ面白くてワクワクしていましたが、それが子どもの姿から意味の脈絡を読み取るトレーニングになっていたというのは明らかですよね。

渡　邉：高杉先生が、「ここで何か……」って言われた時に、ちゃんとそこで事が起こるというのはすごい。こういうふうに子どもたちは動いていくんだ……と改めて思った。子どもたちの遊びとか、子どもたち一人ひとりを見ようとする力は、やっぱり高杉先生ならではだと思いましたね。

大豆生田：一方で、平成元（一九八九）年の「幼稚園教育要領」、僕らはその前夜にあたる時期に出会わせていただいたわけですが、これから幼児教育が変わるという、まさにその盛り上がりのなかに僕らは巻き込まれていき、その面白さに引き込まれていったんです。

ただし、その平成元年の改訂をどのように受け止めたかということに関して言うと、さまざまでした。僕らは子どもの遊びのなかにいかに豊かな学びがあるかということを学んできたので、平成元年の改訂は必然でした。しかし、現場ではその形態の変化の振り子だけが大きく振れることで、「指導はしてはいけないんだ」と誤った理解もあるなかでギャップも大きかったように感じます。僕らだって、特に渡邉さんは現場をもっていたから、幼稚園の在り方を大きく転換することにもなって……大きな葛藤を抱えましたよね。

平成元年「幼稚園教育要領」──現場の葛藤

渡　邉：実家の園を変えていかなきゃいけないという点はまさに葛藤でした。僕の両親が担ってきた、それまでの園が良いと考えてお子さんを通わせている保護者の方々もいるわけですから、「こちらの園の保育は変わっていきます」とは言いづらい。言いづらいけど今の保育の在り方は違うという話をせざるを得ない。

そして、園の保育者たちも、「じゃあ変えよう」って言ってくれても、みんながみんな高杉先生の話を聞いているわけではありませんから、具体的にどう変えていいかわからない。つまるところ、園を変えようとしたら、絶対、混乱が起こるんです。保護者、保育者vs副園長……みたいな感じにもなっちゃって……。僕も父親と母親とは相当けんかして、何回やめようと思ったことか。保育の取り組みを一つひとつ見直して、これはどう、あれはどう……という話をしていくと、今までしてきた取り組みがなくなるのかという話になる。保育を変えていくということはものすごく大きな壁でしたね。

大豆生田：今思えば、高杉先生も森上先生もそういう表現はなさいませんでしたが、いわゆる「自由保育」と「一斉保育」という議論になってしまうんです。「これまでは一斉保育だったけど、これからは自由保育だよね」というような文脈として。

でも〝自由（保育）〟と言われると、大人が一切手を出してはいけないという葛藤があったと思う。渡邉さんとも当時議論した記憶がありますが、「どれくらい自由な時間があり、どれくらいは一斉がいいのだろう」。実は今でも学生さんからそういった質問が出てきますし、当時、僕の葛藤でもありましたし。大人側は、子どもに対しては何かしないとならないという認識が根深くあり、その壁を乗り越えるのは大変だったような気がしますね。

渡邉：わかりやすいことに、うちの園は鼓笛隊の取り組みもしていましたからね。そういう園で、今後は一斉活動として鼓笛隊をしなくていい、制作もしなくていいとなったら園の先生たちは何もしなくなる。楽器に触れなくなり、絵を描かなくなる。それは果たして高杉先生たちが願っていた保育かといえば、まったく違う。

たとえば、一斉活動的な鼓笛隊はやめる。けれど、音楽の活動を全部やめるというのではなく、できるだけ簡単な曲にしたり、子どもたちがやりたかったら楽器も交代したりもする。そうしたら楽しそうに演奏するようになってきて、音楽ってこうだよね、ってなると思う。やっぱり楽器に触れることも大切にしたい。

そして、絵を描くことが楽しくなるってどういうことかというと、描けない子と一緒になって、砂場で砂の上に指で描いたり……、描いてもまた壊していいよ……とか、描きたくなるような〝場〟をどうやってつくっていくか。その丁寧さが本当は必要なのに、○か×かみたいな議論になってしまうのは違う。

大豆生田：その葛藤が、その後何十年も続くんです。平成元年「幼稚園教育要領」改訂後、「自由か、一斉か」の二択的〝振り子〟の状況で考えてきたという現状の課題はまだまだあると思っています。

渡　邉：森上先生は、後々振り返っておっしゃっていましたが、平成元年改訂の時は、おそらく保育のことがわかっている人たちが集まったんです。[*4]

大豆生田：幼稚園教育要領の改訂にどういう方々が関わっていたかという点がなによりもキーであった、と。子どもの視点に立つことを重視される方が多かったように思います。

「幼稚園教育要領」はいかに理解されたか、あるいは理解されなかったか

渡　邉：その後、青学には、高杉先生がいらしたこともあって、森上先生も非常勤でいらっしゃった。続いて大場幸夫さん（当時、大妻女子大学教授）、大場牧夫さん（当時、桐朋幼稚園主任）など、錚々たる方々が来てくださいましたが、その人たちはわかっていた。だけど、世の中が、そのこと（保育・幼児教育の在りよう）についてまだ理解は進んでいませんから、新「幼稚園教育要領」の何を大事にするかという点がわかっていない。

高杉先生は、平成元年版ではたとえば「教材」という用語をあえて除いたとおっしゃっていました。教材で何かを教える、教科書で何かを教えるみたいな話になってしまう

＊4　平成元年「幼稚園教育要領」改訂に関わったメンバーとして、高杉自子、森上史朗のほかに、河野重男や岸井勇雄、大場牧夫、小林美実、黒川健一などがいる。改訂の検討会の前身にあたる「幼稚園教育要領に関する調査研究協力者会議」には、河合隼雄や村井潤一、津守眞なども関わり、幅広い領域から幼児教育について議論が重ねられていたことがわかる。

から、と。

平成元年の改訂の取り組みから今後積み上げていこうとする時に、どういう保育をしていくか、それがスタートだと思ってはいながらも、世間は「変えりゃいい」と言う人と「そんなの関係ない」と言う人たちと……。今まで通りがいい、いや、変えるのであれば白か黒かというように急に変えてみればいい……など、その混乱がどうしても平成元年の幼稚園教育要領では起こったように思えます。

当時にしてみたら、あまりにも先に行きすぎたものをポンと出してしまった。その後、平成一〇年、平成二〇年、そして現行の平成二九年と、幼稚園教育要領の大枠はあまり変わりません。本質は全然変わらず、軌道修正しているということですね。そのくらい大きな改訂を、あの時にやってしまった反動がその後もあるような気がしますね。

「子どもから語る」

大豆生田：そして、高杉先生は、子どもの視点に立って保育を捉える人、保育を語れる人たちを、幼稚園教育要領改訂の取り組みのなかでも、また、青学の非常勤としてもお招きになった。大場牧夫先生と大場幸夫先生、有賀和子先生（当時、台東区立根岸幼稚園園長）も。

渡　邉：野村睦子さん（平成元年改訂時の文部省教科調査官）もいらした。

大豆生田：その方たちは、「子どもから語る」という点に共通性があった。高杉先生は、そういう流れをつくろうとしていたということだと思いますね。

ただその後、平成元年要領は保育者の役割や意図性が見えにくいといった反省から、その後の改訂ではそこが強調されましたね。だけど、高杉先生と一緒に現場を見るとよくわかるけれども、実は先生の意図だとか役割について、高杉先生はとても厳しい。それは、近くで見ていてよくわかりましたよね。

ですから、あの平成元年改訂は保育現場を自由放任にしたかのような解釈があるとすれば、本来の意図としてはそうではなかったと思いますよね。

そうした流れを受けて渡邉さんの園は改革されていき、僕は高杉先生の世界に引き込まれていった。

ただ、当時は、大場牧夫先生のような先駆者はいらしたけれど、男性で幼稚園教諭になるという人はあまりいなかった。保育所関係では、男性保育士（当時は「保父」）はいましたが。でも、僕にしてみたら自分が幼稚園の先生になるという選択には多少迷いはあったけれどあまりに面白すぎてそれしか考えられなくなっていたんです。

その時に、青学の大学院で森上先生が非常勤講師として授業をもたれることになったわけです。こんなにワクワクする話はない。僕らは保育・幼児教育が面白くてしょうがない。そして、高杉先生と一緒に研究者として「幼稚園教育要領」をつくってきた森上史朗先生が大学院に来る……。「行きたい！　大学院に進学したい!!」と思いました。

渡　邉：だけど、当時の大豆生田はさ、授業に全然出てこなくて、髪の毛を緑に染めて六本木でロック歌ってる人で、そんな人が、大学院に行くってさ、それ嘘だろって、誰も信じていなかった……（笑）。

大豆生田：そうでした……、成績が誠によろしくない。ところが幼児教育関係の授業だけはすべて「S」がついていたんです。面白いからね。面白いことはやるんだ。だけど、大学院の試験には受からないだろう……でも行きたい……。そしたら当時指導してくださっていた野里房代先生が「大学院に行ったらいいじゃない」とあっさりと僕におっしゃるという展開もあった。最終的に、最後に二月か三月のおまけの試験で合格。

おそらく、仕方なく合格にしてくださったのでしょうね。そして、森上先生の大学院の授業は面白かったよね～！　僕、こんなにも背中がゾクゾクすることはなかった。森上先生の言葉、一字一句逃したくなかった。「現場が面白い！」と思っていた感覚を理論で語ることがこんなワクワクするとは。そういう体験は初めてだったと思う。

闘う人・森上史朗のリアルな姿勢

大豆生田：そして、森上先生は闘う人でもあった。アンチテーゼを必ずつくるんです。当時、森上先生は倉橋論者[*5]ですから、倉橋や、倉橋を継承している津守先生[*6]についてはよく語られたわけですけれども、倉橋自身も問題視してきた、いわゆる「何々方式」、あるいは「何々主義」の形骸化を問題視していましたね。モンテッソーリ[*7]やシュタイナー[*8]、あるいは集団主義的な保育も取り上げ、その理論と実践の乖離について取り上げていましたね。

渡邉さんや僕ら、高杉展さん（元関東学院大学教授）も当時一緒にいましたが、動くことだけは得意だった僕らに対して、「実践を見てこい」と。見てきてそれを（あえて）批判的に論じろという課題があったんです。

＊5　倉橋惣三（くらはし・そうぞう：一八八二―一九五五年）大正から昭和にかけての日本の幼児教育の理論的な指導者で、児童中心の進歩的な保育を提唱した。日本の幼児教育の父ともいわれる。現在の幼稚園教育要領の原型ともいわれる「保育要領――幼児教育の手びき」の作成や、日本保育学会の設立にも尽力（初代会長）。

＊6　津守眞（つもり・まこと：一九二六―二〇一八年）日本の保育学を築いてきた研究者の一人。お茶の水女子大学名誉教授。日本保育学会の第五代会長も務めた。戦後の愛育養護学校の設立にも尽力。お茶の水女子大学では常に実践を基礎とした発達心理学の研究と教育を進め、「乳幼児精神発達診断法」も開発した。一九八三年、五七歳でお茶の水女子大学を辞職し、愛育養護学校の校長として一九九五年までの一二年間現場に立ち続ける。その後も、法人の理事等を続けるなど、生涯を通して、日本の保育界に大きな影響を与

渡　邉：そして、保育学会では発表もさせられて……フロアからえらく怒られたこともありましたね、「あなたはわかってない！」と。

だけれど、とある園に見学に向かったら、子どもたちが遊んでいない。ただ、ふらふらしている。一緒に見学に行った誰もがみんな微妙な違和感を感じてた……。で、一人の子どもに「抱っこして」って言われたから抱っこしてあげたら、次々と「抱っこしてー！」って大行列ができた……（笑）。

大豆生田：子どもの自発性や遊びを重視していたのですが、大人は子どもにあまり関わらずに仕事をしているというのがその保育のやり方みたいで。かといって遊び環境は十分につくられていないのだから遊ぶことがなくて、子どもがみんな退屈していたんですよね。

渡　邉：面白かったのは、みんなが外に出てくる時間帯があったんですが、大豆生田は大豆生田で一〇人か二〇人くらい子どもたちを引き連れてるし、僕も高杉展もみんな子どもを引き連れている。で、鉄棒で前回りをしてみせたらみんな喜んで「僕もやりたい、私もやりたい」。それから、砂場でトンネル掘ったら「面白い！」と。大したことやってないんですけどね。

大豆生田：僕は、外で走り回っただけ。

渡　邉：なのに子どもたちみんな「やりたいやりたい！　面白い！」と言う。ところが、たとえばその園では、トイレの時間になるとみんな並んでトイレに行く……。行きたくない子もトイレの列に並ぶ……。そういう決まりだから並ぶ……。

大豆生田：理念と実践が乖離している姿というものを目の当たりにしましたね。もちろん、

え続けた。

＊7　モンテッソーリ（Montessori, M.: 1870-1952）　イタリアの医学博士、教育者。障害児教育に携わり、のちに幼児教育の道に進む。子どもは生まれながらに知ることを求めており、環境を整えることで自発的に学ぶ力をもっているという考えに基づき考案された「モンテッソーリ教育法」は、幼児教育界に広く影響を与えた。

＊8　シュタイナー（Steiner, R.: 1861-1925）　オーストリアやドイツで活動した哲学者、教育者。シュタイナーの人間観・世界観に基づいて実践される教育を、日本では「シュタイナー教育」と呼んでいる。その教育は「自由への教育」とも呼ばれており、自ら考え、判断し、行動できる人間になることを目標にしている。

理念の文言を読めば、それなりに理解できるようなことが書かれていたのですが……。

「平成元年改訂」を受けた現場の戸惑いと実際

大豆生田：ただ、「子ども主体、遊びを大事にする保育」といっても決して一枚岩ではない。どのように現場に着地していくかということの難しさと課題を森上先生からも感じましたよね。というのも、当時、「平成元年改訂幼稚園教育要領の保育内容を実践している場はどこにありますか」と高杉先生や森上先生に聞くと、全国でいくつかの園しか挙げられなかった。実際はそこまでではないにしても、これではだめだなって思いましたね。

渡　邉：その頃……、「平成元年の改訂で変化した（保育の取り組みを変化させた）幼稚園の例として、渡邉さんの港北幼稚園を紹介していい？」と聞かれました。つまり、「平成元年に幼稚園教育要領が変わったことを受けて、園の保育を変えました」という園があまりなかったんですね。どの園の先生方も、子どもを大事にしているという意味でいえば大事にしていたんでしょうけど、幼稚園教育要領が変わったからって、保育を変えましょうと考え始めた園は、おそらくとても少なかったと思います。

大豆生田：結果的に、公立幼稚園が中心的に動いていた。当時、公立幼稚園はかなりの園数がありましたし、高杉・森上を中心とした「子どもと保育総合研究所・子どもと保育実践研究会」[*9]につながっていく流れの研修会がありましたが、そこに参加した方々はみな公立幼稚園の保育者の方々でしたね。

＊9　子どもと保育総合研究所・子どもと保育実践研究会　一九九六年に高杉自子氏を中心に設立。実践研究会活動を通して、相違に対して開かれた交流を目指し、研究大会・セミナーの開催などを行っている。

渡　邉：どなたも、「どのように変えなければならないか」をわかろうとしていたと思います。

大豆生田：〝公立〟の幼稚園だからすぐに取り組まなければと動いた園もあったかと思いますが、「遊びの保育とは何なのか」という点がなかなか腑に落ちなかったんですよね。

関西のある園では当時、平成元年の改訂の考え方を保育に導入して、保育を転換されたとのことでした。しかし、子どもの自発性重視の保育だから、保育者は指導してはいけないという捉え方をしていて、室内のテーブルの脚をノコギリで切る様子を口を出さず見守っていたという笑い話もありました。そういう実態はあちこちにあったんだろうと思うんですよ。

今でも、どこまで子ども主体を尊重すればよいですかという質問が多くありますが、高杉先生や森上先生は当時から子ども主体を尊重しつつ、保育者も主体的に関わるスタンスでした。今でこそ、子どもの姿から、いかにそこに豊かな学びがたくさん生まれていて、そのことに大人も主体的に関わるのだということが多くの場で言われるようになりましたが、この文脈は、もうすでにあそこにあったのだと思う。そのことが、ようやく動き出しているように思えます。

佐伯胖の登場

渡　邉：ちょっと前に戻りますが、大豆生田は大学院に進学して本当によかった。進学したから、森上先生に出会うことができたわけですし。さらに言うと、保育・幼児教育というテーマ（対象）は、本来的には、大学院クラスで取り組まなければならないんですよ。ところが現状は、保育士になるには短大卒でいいとか専門学校卒でいいとか、試験で保育士の資格取れればいいとなっている。そういう状況を是としていたら、保育・幼児教育の本来の在りようはわからない……と僕は思う。言い換えれば、保育・幼児教育は、実践学問的に最も難しいことに取り組んでいると思うんですよ。

大学院で僕らが取り組み議論し合うなかで、「遊びのなかで育つ」ということがわかる……というために、森上先生はいろいろ考えてくださったし、高杉先生はとことん現場主義だった。そのうえで、一本の筋が通るような理論が欲しかった時に、森上・高杉両先生が、佐伯胖[*10]先生を青学に連れてきたことは大きかったと思う。

森上先生と高杉先生はずっと保育に取り組んできたけれど、佐伯胖は、まったく異質な分野からやってきた。そして、「僕は（保育・幼児教育の）専門家じゃない」と。けれど、保育・幼児教育が大事だと、どんどん変わっていくわけですよ、佐伯先生が。

そして行き着く先として「人間が大事だ」と。佐伯先生が『幼児教育へのいざない』[*11]を書いた時におっしゃっていたんですが、ご自分は倉橋の著作もありとあらゆる保育・幼児教育関係の文献も読んできたけど、自分のなかで納得できる理論はなかった、と。

僕ら実践に携わる者にとっても、これが大事なのだという点を裏付けてほしいところ……逆に言えば、妙な保育の取り組みを見た時に、これは変だと言えるような価値観については、森上先生もいろいろと模索していたけれども、なかなかうまく説明ができなかったところに、佐伯胖が入ってきたということは、僕にとって、幼児教育界にとって、大豆生田にとっても、とても大きかったと思う。

＊10　**佐伯胖**（さえき・ゆたか：一九三九年―）　日本の認知科学者。東京大学名誉教授、青山学院大学名誉教授。慶應義塾大学工学部管理工学科卒業。同大学大学院工学研究科管理工学専攻修士課程修了、ワシントン大学大学院心理学専攻修士課程および博士課程修了、Ph. D.。その後、東京理科大学理工学部助教授、東京大学大学院教育学研究科・教育学部長・教授を経て、青山学院大学教授、田園調布学園大学大学院教授、信濃教育会教育研究所所長を歴任し、現在に至る。認知科学の知見に基づく「学び」の思考過程の分析や、人類学的観点を取り入れた状況的学習理論（正統的周辺参加論）をもとに、実践的学習論を展開。近年は、幼児教育・保育の研究にも従事し、大きな影響を与えている。

＊11　佐伯胖『幼児教育へのいざない――円熟した保育者になるために』東京大学出版会、二〇〇一年。なお、二〇一四年に増補改訂版が刊行されている。

大豆生田：佐伯先生の登場によって、保育の世界を広い視野から問うようになってきました。僕らは修士論文を書いた時にも、佐伯先生の「学びのドーナッツ論」[*12]は衝撃的で、私たちの保育論のなかで重要な位置づけとなりました。それから森上先生の対談集[*13]のなかの、子どもらしさという話も面白かった。夢中になるなどの子どもの特性は、魅力ある大人の特性でもあるといった話だったでしょうか。佐伯先生がされる話はいつも広い学問分野からのアプローチで、しかも現場のリアリティに迫るものでした。だから、圧倒的な魅力でしたね。

渡　邉：佐伯先生のお話を聞くと、今も〝はっ〟とさせられます。「授業なんて、教科書いらない」「指導計画通りにやっちゃだめだ」みたいな話をしているのを、小学校の先生方はどこまで受け入れられているのか……。「教えちゃダメだ」と言っている。幼児教育まではそういう姿勢はできそうだけれど、小学校行ったらたぶんなかなかできない。ただそれが本来的には人が学ぶということだという点は、佐伯先生のなかには見えてるところがある。そういう実践にちゃんと出合ってきてるからですよね。

「平成元年改訂」の戦略的側面

大豆生田：でもやっぱり、その佐伯先生を幼児教育に導かれた高杉先生と森上先生もすごいよね。

渡　邉：高杉先生は現場主義だから、僕にとっては高杉先生は近いんです。で、当時の文部省もやっぱりすごかった。高杉自子先生や森上史朗先生を視学官や教科調査官に任命

＊12　**学びのドーナッツ論**　人（I）が外界の実践世界（THEY世界）と関わるようになるには、まずは、その人（I）に共感的に関わる他者（YOU）との出会いが不可欠だとする。
ドーナッツ論については、佐伯胖『「学ぶ」ということの意味』岩波書店、一九九五年、および前掲書（＊11『幼児教育へのいざない』）にも詳述されている。

＊13　佐伯胖「『子どもらしさ』を考える」森上史朗『森上史朗対談集 人間・子ども・保育』フレーベル館、一九八八年、八五―一〇九頁。

して、元年の改訂のメンバーにも引き入れた。森上先生が支えていたと思うんですよ、理論的に。森上先生は、本当に現場を愛してくれた。保育の現場はこんなふうに面白い……と。そこのところを丁寧に付き合ってくれたことはうれしく素敵に思っていました。ちゃんと教えてくれる、資料も揃えてくれる。森上先生の丁寧さみたいなところと、それから幅の広さ……。

大豆生田：そして、「誰々がこう言っている」という話を、すごく否定的に語ったんですよ。何々主義の話も同様で、目の前の子どもからではなく誰々がこう言っているから……ということに対して「出羽守（ではのかみ）だ」[*14]と強く批判していらした。そして、常に、子どものところに返していく。倉橋を愛し、子どもの視座に立った保育についてずっと言い続けてきたのが、森上先生の重要な保育界での功績だったと思います。それを実践から語ったのが高杉先生。それを森上先生は理論として伝えてくださった。

当時、公立幼稚園の人たちが、平成元年に改訂された幼稚園教育要領を中心に動いてきたけど、そのような実践ができている園は実際には多くなかったという現実からすると、隔世の感があります。今現在、多くの保育の場で「子どもの姿を語る」「保育の質を問う」ということが議論になるようになったのは、そこから比べると、社会的にも大きく動いてきたということだと思います。高杉先生、森上先生ならこれだけ多くの園が子ども主体に動き出した実態に対してどう思われるかなと、いつも思います。

もちろん、保育者の社会的な地位はまだまだですけれど、そういうことが話題になるようになったということは、画期的なんです。かつては、保育者は、語る・発する主体者として認められてなかったという時代だったと思うんですよ。

*14 **出羽守**（ではのかみ） 出羽守とは本来、出羽国の国司を表す役職のことだが、連語の「では」と「出羽」をかけて、「海外では」「○○学では」のように、何かにつけて他者の例を引き合いに出して語る人のことを指す、主に揶揄する気持ちを込めた表現。

渡　邉：文部省・文部科学省のなかでは実は「幼児教育は小学校教育のようにすべきだ」という認識がいつもあってそれが圧力になってくるんです。そのような状況のなかで、幼児教育をいかに守るか、ということを議論してきた結果の一つの形として、二〇〇五年の答申があるのではないかと思います。[*15]

森上先生も小田豊先生たちもおっしゃっていましたが、文科省のなかでは何か教え込まなければという圧力があった。それをなんとか押し返してきた……。実際、生活科ができたり、総合的な学習の時間ができたり、アクティブ・ラーニングという展開になってきた。文科省的には、そもそも小学校以上の教育が変わらなければならない。そして、幼児教育が教育の根幹にならなければという話にもなってきました。そうでないと日本は、主体的に考える子どもたちを育てられないという話になってくるのではないでしょうか。

僕自身、幼稚園教育要領の改訂にずっと関わってきて改めて思うんですけど、平成元年のような、あれほどまでの変え方は今の人たちにはできません。平成元年の改訂時のような魅力的な人を集めて、幼児教育をやり直そう、幼稚園教育要領を書き換えよう、とはおそらくできないんです。現行の平成二九年改訂の際には「10の姿」を入れるだけでも大騒ぎでしたよね。そう考えると、「これこそが保育・幼児教育にとって重要だ」と言えたという点は、平成元年の改訂は素晴らしいと思う。

*15　中央教育審議会「子どもを取り巻く環境の変化を踏まえた今後の幼児教育の在り方について（答申）」二〇〇五年。

小学校の取り組みを考える

——平成元年時の改訂は、「6領域が5領域になりました」「子どもにあまり構いすぎるとそれは指導になるから構いすぎてはいけません」などといった文言だけはいろいろなところに飛び交いました。ですが、そういった文言（考え方）は、突然出てきたわけではないですよね。非常に周到に、先生方がそれぞれのご専門を駆使して、ある意味戦略的に取り組んだからあの形になったか、と。

大豆生田：そうですね。平成元年の改訂は、環境を通して行う教育、幼児期にふさわしい生活の展開、遊びを通した総合的な指導などの特色が打ち出されました。ただその内容は、平成元年で突然出てきたものというよりは、昭和三九年の幼稚園教育要領を踏まえ反省的な議論もあるなかで、多様なメンバーでの議論の積み重ねのなかで生まれてきたものだと思います。ただ、誤解も多く、「指導してはいけない、これからは援助だ」などの声も飛び交いました。「指導してはいけない」は明らかに誤りですよね。もちろん、「指導」という意味を単なる大人のいう通りに子どもを動かすことだけとすれば、子どもに即した在り方が必要であることを強調していたのだと思います。子どもの視座に立つ幼児教育への転換をはかるための、現在の流れにも通じる重要な改訂だと位置づけられるのではないでしょうか。

渡　邉：（幼稚園の）教師が行う取り組みを〈指導〉だと称してはいますし。
要領そのものには、「子どもたちを見守ることも指導」であると記されているけれど、

「指導しちゃいけないから、何にもやっちゃいけない」というように、極端にすべてダメだというような風潮が出てしまったんですよね。

大豆生田：「6領域が5領域へ」について言えば、そもそも1領域減らされたのではなく、基本的な組み立て方をがらりと変えたわけです。それまでは小学校の教科との連続性のなかで健康の活動があり、言葉の活動があるように捉えられる傾向があったけれど、幼児教育はそもそも遊びや生活の総合的ななかにあるという考え方を強調したのですよね。でもこのことが腑に落ちるまで大変だった。

今ようやく少しずつ現場の方々の腑に落ち始めてるかもしれないけど、そうだとすると小学校以上の教科を科目横断的に合科的に考えるってことが、そりゃ簡単には落ちない……、納得はされないという気はします。同じプロセスをある程度踏む必要があるでしょうね。

——プロセスというと？

大豆生田：小学校もこれからは、子ども主体で、子どもの声を聴きながら授業を行うとすれば、幼児教育が子ども主体の保育へと転換してきた流れと同じプロセスを踏む必要があるわけですよね。いま、架け橋期の小学校一年生の授業が動くなかでは、そうした葛藤のなかで動き出している実態があります。

渡　邉：小学校で変わるとすれば、「生活科」「総合的な学習の時間」がとても大事になると思います。こんなにも子どもたちは主体的に学ぶのだということに気づき、子どもの声を受け止めた学び方が大事だという考え方が広がっていくかいかないか……。

大豆生田：そこに子どもたちのプロジェクト活動が発せられて……算数に結びつくかな、

図工につながるよね……と、いかに総合的に捉えられていくか。それを幼児教育は「環境による教育」としてすでに取り組んできたんです。

保育・幼児教育の在り方——学びの可視化

渡邉：改めて考えると、今後、子どもたちは遊びのなかで育っているという考え方を理解してくれる保護者をさらに増やしていかないと、就学時に「教科書で勉強しないんですか」「塾に行ったほうがいいんですか」などと、学校は何をしているんだという人たちが増えてきてしまうような気がします。

小学校の一・二年生で、「生活科」がきちっと形になって、子どもが学んでいくとはこういうことだ……と理解していけるようでありたい。たとえば、カブトムシの研究をしている子が、カブトムシは夜行性だと聞いたけれど調べてみたら昼間も活動している、と。毎日のように樹液を出す樹木の様子を観察した研究を論文にしているんです、小学生が。

「学んでいく」とは本来こういうことだというような実践例があちこちで起こってこないと、「生活科」や「総合学習」に取り組んでいる先生方が、保護者のみなさんに「先生は教科書使わないんですか」「子どもは大丈夫なんですか」と批判されてしまうようなことが起こり得る。

幼稚園で子どもたちの遊び中心の保育を展開した時に、「今まできちんとしつけてくれていたのになぜしない……」と非難されるようなことが起こりかねない。その時に、どこかできちんと、保護者もわかるし、社会にも知らしめていく。そのような取り組みがあってこそだと考えています。

大豆生田：自由保育か一斉保育か……。この二項対立の話は、そこを乗り越えてなかったということですよね。子どもの主体的で豊かな学びが大切なのです。そしてそのために必要なのは学びの可視化です。学びをいかに一般の人に可視化していけるかということが課題だった。それを認識した今、進み始めていますし、「10の姿」もその一つのツールでしょう。

渡　邉：文科省の方々の話を聞くと、各教科の壁は実に厚いんですね。だけれども、保幼小接続の取り組みである「架け橋プログラム」のワーキング・チームには、各教科の教科調査官が参加しています。そうして、どこが突破口になるかわかりませんが、文科省は「なんとかしてこの状況を変えなければならない」とは思っている。

我々は、子どもたちに自分たちで考える力を育てていかなければなりません。どう取り組むか。現場がどこまでついていけるか。だから小学校・中学校・高校で生活科や総合学習に取り組んでいる先生方は、ぜひとも、学校のなかで〝学びのイニシアチブ〟をとってほしいと願っているんです。

渡邉英則先生との対談を終えて

「自由か、一斉か」の二項対立を乗り越える

渡邉さんと出会った時期はまさに平成元年の幼稚園教育要領改訂前夜でした。子どもの主体的な遊びを通した保育を強調し始めた時代といえます。この時期、私自身が自由な活動で子どもが本当に育つのかと葛藤しながら学んでいたといえるでしょう。まさに、「自由保育か、一斉保育か」という対立の図式のなかの葛藤だったといえます。高杉先生は「自由保育」という言葉は使われなかったと思うし、対談のなかでも話しているように保育者の意図性や計画性に関してはかなり強く主張されていました。つまり、「自由か、一斉か」の二項対立を乗り越える必要があったことは、平成元年改訂が十分に理解されなかった背景にあったといえるでしょう。倉橋惣三の時代とそれ以降も同じ二項対立の問題があったといえるかもしれません。幼稚園教育要領がその後、「教師の役割」を強調したり、資質・能力や10の姿などを位置づけてきたことも、そうした「自由保育」的なことへの誤解を乗り越えるような工夫であったとも読み取ることができます。また、いま、「共主体の保育」[*1]というものが注目されるのも、そうした二項対立を乗り越えるという課題への関心ともいえるのかもしれません。

カンファレンスの重要性

私にとって、渡邉さんや仲間たちと若い頃から共にやってきたことがカンファレンスでした。保育の世界にカンファレンスという概念をもち込んだのは、森上先生だったと思います。東京大学の稲垣忠彦先生らが学校教育の世界で用いていた手法を保育の世界で紹介されたのだと思います。特に当時、高杉先生は映像によるカンファレンスを重視しており、子どもの遊びの姿から丁寧にその思いや興味・関心、あるいは周囲の人やモノ、空間等との関係性から意味の脈絡を読み取ろうとするものでした。そうした意味の脈絡（物語）を読み取り、語り合うことを重視し、保育を「物語る」などして子どもや保育の理解に役立てようとしてきた時代がありました。その後、レッジョ・エミリアなど、海外から、写真を用いた記録やカンファレンスの方法が導入されました。私自身も記録の日常性や、写真の手軽さもあって、これまでのカンファレンスの流れをドキュメンテーションへとつなげてきた経緯がありました。まさに、カンファレンス（省察し、語り合うこと）の風土が、現代の保育の質向上の根幹にあるのだと思います。

語り合う場やネットワークがあること

渡邉さんがいたことは私にとってとても大きなことでした。最初の頃はずっと後ろをついて回るような感じで、一緒に子ども主体の遊びを大切にする保育を学んできた同志といえます。当時はほぼ毎日のように、一緒にいました。高杉先生や森上先生、佐伯先生等の先生方、あるいは魅力的なたくさんの保育者の方々の話を聞いたり、さまざまな保育現場に入れていただいたりと、すべて周辺的な参加による学びから始まったといえるでしょう。当時、高杉先生、森上先生が立ち上げた「保育・座コミュニケーション」という語り合いの場がありました。学生だった私が、大場幸夫先生や吉村真理子先生、藤野敬子先生、後藤節美先生などと一緒に、別府、松山、秋田などの全国の先生方と学び合う機会があったことは重要でした。その後、「子どもと保育実践研究会」のような研修のネットワークをつくり、実践を語り合うカンファレンスを広げてきたことは、私にとって非常に大きかったことは言うまでもありません。たくさんの現場の方、先輩、後輩の同志たちとの学び合いの場が私を育ててくれたのです。

次のステージへ——小学校との架け橋へ

小学校との「架け橋プログラム」の話となりました。これまでなかなか動かなかった子ども主体の保育が全国的に動き出したのです。そして、その子ども主体の保育は小学校以上の学校教育の「主体的・対話的で深い学び」へとつながっていくわけです。私は、奈須正裕先生と伏木久始先生の編著書『「個別最適な学び」と「協働的な学び」の一体的な充実を目指して』（北大路書房、二〇二三年）のなかで幼児教育の章を書かせていただきました。そこでは、子ども主体の環境を通して行う保育（教育）は個別性と協働性を重視する学びであり、それは小学校以上の教育とある程度の共通性をもって高めていけるものであると述べたのです。現在、少しずつですが、いよいよ保育の実践と小学校の実践を一緒に語り合う研修が広がり始めており、子ども主体の保育・教育は次のステージに入り始めている実感があります。

＊1 「共主体の保育」については、以下の書籍を参照。
大豆生田啓友（監修）、おおえだけいこ『日本の保育アップデート！ 子どもが中心の「共主体」の保育へ』小学館、二〇二三年。

聞き手・木村の〈視点〉

渡邉 英則×大豆生田 啓友

「面白い!!」――揺さぶられたあの頃、そして今

長く保育に関わる方々に未だに語られる「平成元年改訂」。1989（平成元）年、幼稚園教育要領が改訂され、続く翌1990（平成2）年に保育所保育指針も改訂された、あの時期のことである。それまで、“小さく可愛い小学校”的な育ちの場のようにも思われていた幼稚園では、先々を考え合わせ、規律を尊ぶといった取り組みも展開されていただろうか。

ところが、「幼児教育は然に非ず」とばかりに現れた元年改訂〈新要領〉では、“環境を通して行う教育（保育）”が推奨される。保育者の役割は、指図する“指導”者ではなく、子どもたち自身の内的発露を尊び、その成長をふさわしいタイミングで支える……とおおよそ示された。倉橋惣三らが謳った保育理念の源流がこの〈新要領〉に改めて示されたともいえようか（本書「2　無藤隆×大豆生田啓友」の対談をごらんいただきたい）。

本対談は、その改訂の4年ほど前……、1985年頃から始まる。当時、大豆生田先生はやんちゃ盛りの学生でありつつも尊びたい“学びの感覚”を探っておられ、渡邉先生はご親族の園を担う現実を前に、価値観・実践内容の違いがもたらす葛藤と共に在った。そのお二人がたびたび口にするフレーズは、「面白い（面白さ・面白くない）」である（本対談のこの紙面上でなんと17回も発せられている）。

「高杉自子先生とご一緒すると、（…中略…）なぜ、こんなにも子どもたちが見えるんだ。（…中略…）当時はただただ面白くてワクワクしていましたが、それが子どもの姿から意味の脈絡を読み取るトレーニングになっていた……」

「森上先生の言葉、一字一句逃したくなかった。『現場が面白い！』と思っていた感覚を理論で語ることがこんなワクワクするとは」「これから幼児教育が変わるという、まさにその盛り上がりのなかに僕らは巻き込まれていき、その面白さに引き込まれていった……」。お二人は、身を乗り出し聞き入り思い巡らし真剣に考え合う。揺さぶられ強烈に気づかされ、思いがけない新たな学びを得、語り合いつつ共に成長していく。

お二人の熱量の根源は、ただただ「面白い!!」という感覚であったろう。ワクワクする、ドキドキする、想定を超える展開に目を見開く、さらに気持ちが集中していく……。改めて考えるに今、「面白い!!」といった情動（感覚）を、保育現場で子どもたちと共に在る保育者の方々はいかなる時に感じておられるか。そしてまた、将来、保育者を目指す学生の方々は日々の学びの場においてどのように感じているのだろう。人が生まれ、育ち、力を得て、悠々と生きて往く。そのそれぞれの場に、人として十分な体温ある関わりをもち合えることはいかに「面白い!!」ことか、その尊さを改めて考えさせられる。

無藤 隆　　大豆生田 啓友

2

保育・幼児教育のあゆみ

平成元年「幼稚園教育要領」改訂を道標に

無藤 隆 Muto Takashi

白梅学園大学名誉教授。専門は、保育・幼児教育。

東京大学教育学研究科博士課程中退。東京大学新聞研究所助手、聖心女子大学助教授、お茶の水女子大学教授、白梅学園大学学長・教授などを経て、現在。

国立教育政策研究所上席フェロー、日本乳幼児教育・保育者養成学会理事長、文部科学省「幼児教育と小学校教育の架け橋特別委員会」委員長など。

主著　『幼児教育のデザイン』（単著、東京大学出版会、2013年）、『新しい教育課程におけるアクティブな学びと教師力・学校力』（単著、図書文化社、2017年）、『ここがポイント！　3法令ガイドブック』（共著、フレーベル館、2017年）、『子どもの発達からみる「10の姿」の保育実践』（監修、ぎょうせい、2023年）など。

平成元年改訂前夜――保育・幼児教育との出合い

――今回、無藤先生にお願いしたい論点の一つは、「幼稚園教育要領」の改訂の流れ、です。特に平成元年（一九八九年）を中心に、それ以降の改訂への影響等についてうかがえたらと思っています。

大豆生田：平成二九（二〇一七）年の「幼稚園教育要領」「保育所保育指針」「認定こども園教育・保育要領」の改訂・改定にはたいへん大きな意味がありました。まず、「幼稚園教育要領」改訂の流れのなかで、平成元年（一九八九年）の改訂を含めて、これまで無藤先生がどのように関わっていらしたのかお話しいただければと思っています（図参照）。

無　藤：まず、かなり回り道して説明させてください。昭和の終わり頃に幼児教育・保育の勉強を始めた学生は、当時は当然「6領域」[*1]を学んだわけです。そういうものだと思って勉強するわけですから、「それがどうした……」などとはおそらく何も思ってなかった。僕は一九八七年にお茶の水女子大学に助教授として移籍していますが、その後の、平成元年（一九八九年）に幼稚園教育要領が改訂されました。

僕自身は、その前から幼稚園・保育園と関わりがあって、観察に行ったり一緒に勉強会を行ったりしていたわけだけれど、僕にとって大きな影響を受け、また、最も共に学んだのは東京都の公立幼稚園でした。特に文京区でしょうか。

実のところ、当時は、「領域」を意識して保育をしていなかったと思うんですよ。た

＊1　**6領域**　昭和三一年（一九五六年）に幼稚園教育要領が示された当初から、幼児教育の内容として「1．健康」「2．社会」「3．自然」「4．言語」「5．音楽リズム」「6．絵画製作」の「6領域」を示していた。それが、平成元年（一九八九年）の改訂の際に、現行の「5領域」へと変更されるなど、大幅な改訂が行われたこともあり、平成元年の改訂が日本の幼児教育・保育にとっての大きなターニングポイントとされている。

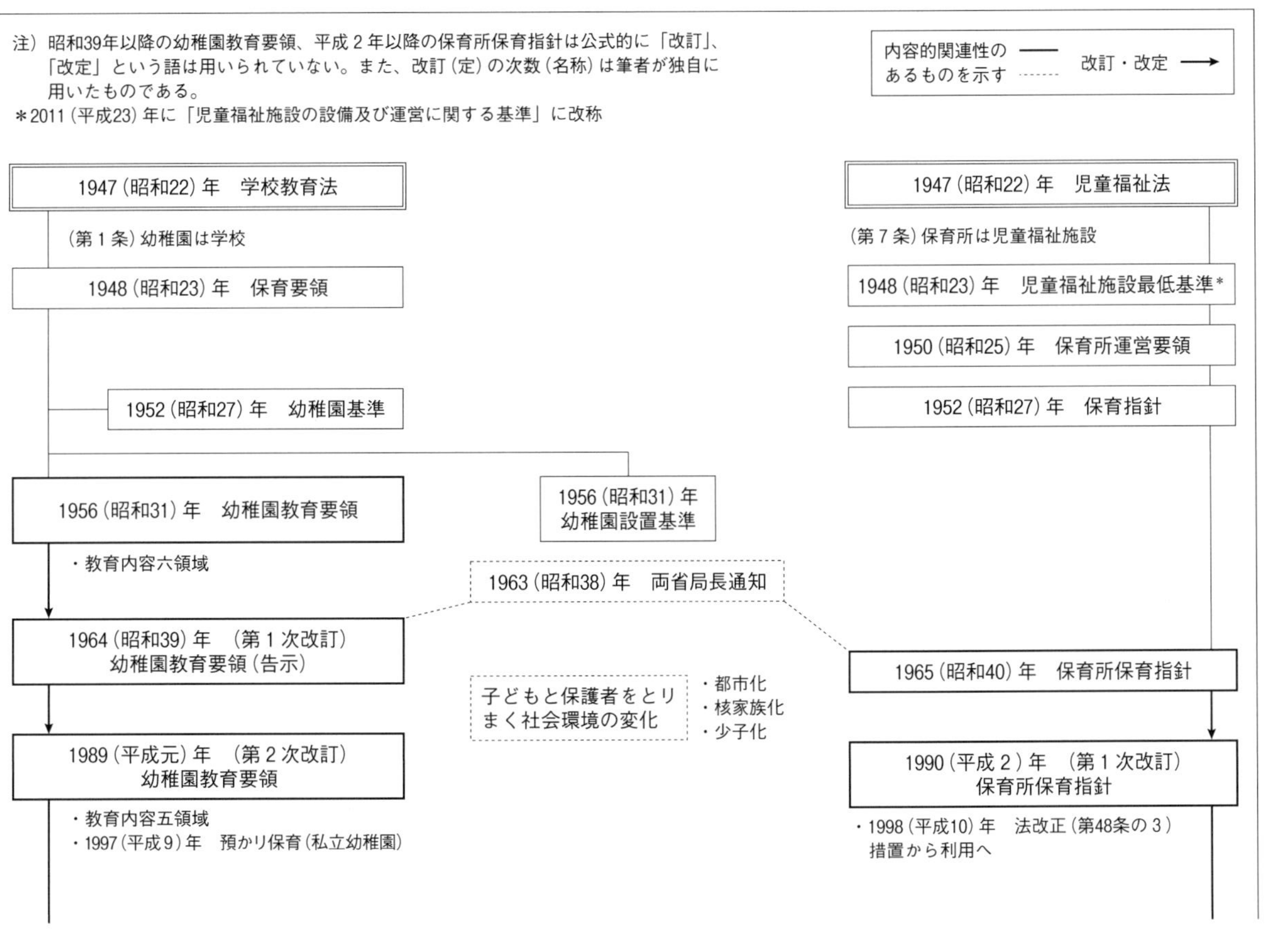
注）昭和39年以降の幼稚園教育要領、平成2年以降の保育所保育指針は公式的に「改訂」、「改定」という語は用いられていない。また、改訂（定）の次数（名称）は筆者が独自に用いたものである。
＊2011（平成23）年に「児童福祉施設の設備及び運営に関する基準」に改称
内容的関連性のあるものを示す
改訂・改定
1947（昭和22）年　学校教育法
（第1条）幼稚園は学校
1948（昭和23）年　保育要領
1952（昭和27）年　幼稚園基準
1956（昭和31）年　幼稚園教育要領
・教育内容六領域
1964（昭和39）年　（第1次改訂）幼稚園教育要領（告示）
1989（平成元）年　（第2次改訂）幼稚園教育要領
・教育内容五領域
・1997（平成9）年　預かり保育（私立幼稚園）
1956（昭和31）年　幼稚園設置基準
1963（昭和38）年　両省局長通知
子どもと保護者をとりまく社会環境の変化
・都市化
・核家族化
・少子化
1947（昭和22）年　児童福祉法
（第7条）保育所は児童福祉施設
1948（昭和23）年　児童福祉施設最低基準＊
1950（昭和25）年　保育所運営要領
1952（昭和27）年　保育指針
1965（昭和40）年　保育所保育指針
1990（平成2）年　（第1次改訂）保育所保育指針
・1998（平成10）年　法改正（第48条の3）措置から利用へ

図 「教育要領」「保育指針」「教育・保育要領」の成立と変遷

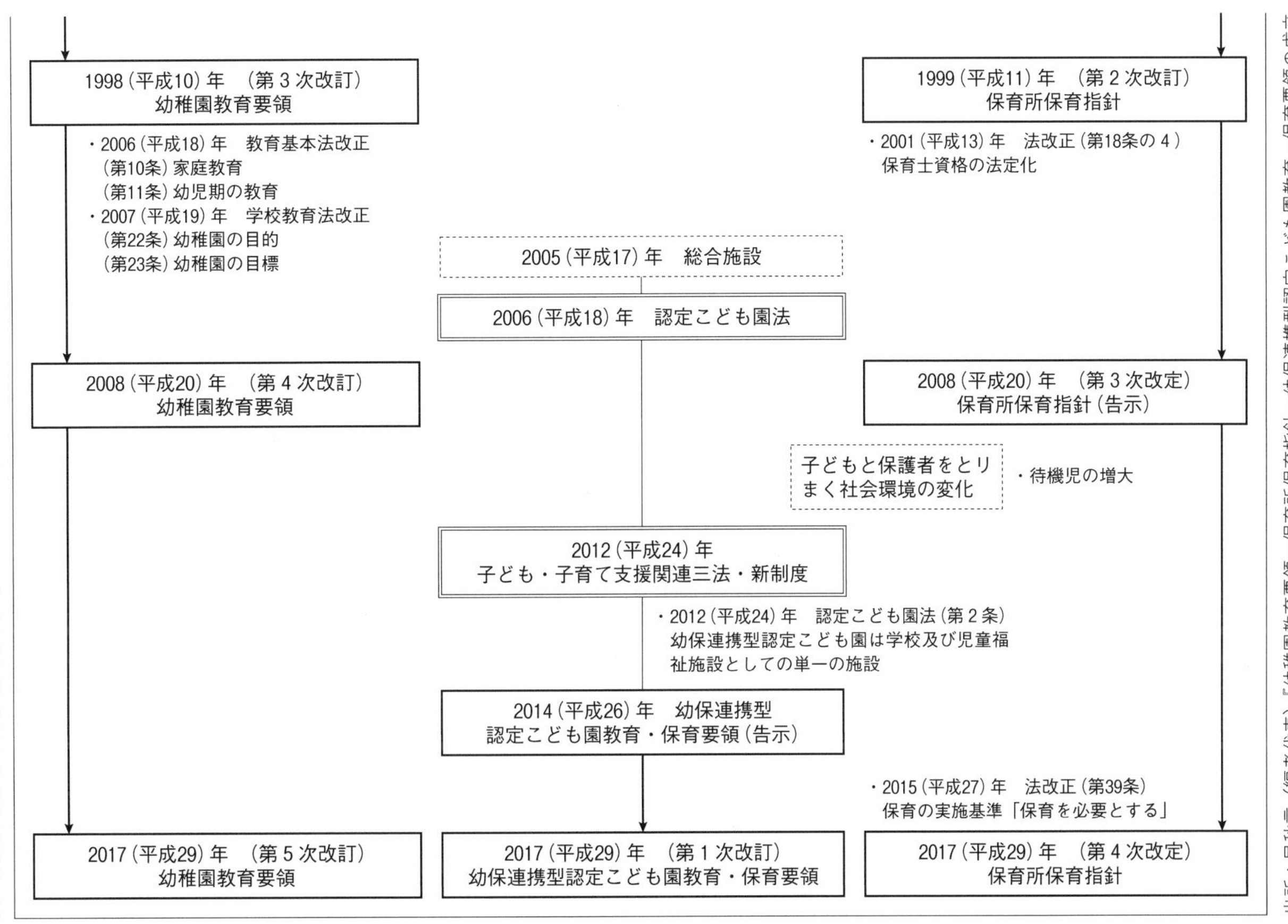

出所：民秋言（編者代表）『幼稚園教育要領・保育所保育指針・幼保連携型認定こども園教育・保育要領の成立と変遷』萌文書林、2017年、10-11頁。

ュメンテーションとは違うところがいろいろあるでしょうけれど、当時、保育現場で記録をとるのは当たり前でした。僕がもう一つ勉強していた園は、白金幼稚園[*2]でした。公立園ではなく私立園ですが。

大豆生田：海卓子（かいたかこ）先生の白金幼稚園ですね。私も当時、見学させていただきました。冬の時期で、園庭で焚火をしている姿が印象的でした。

無藤：海先生が晩年の頃にあたりますが、幼稚園の園舎の上、海先生のご自宅でお話をうかがうこともありました。当時の僕は、大学院生～助手の頃でしょうか。海先生の下には、錚々たる方々が集っておられて、何も保育をわかっていない院生としては相当怖かったですよ。

白金幼稚園には若い先生もいらっしゃいましたから、クラスの保育を見せてもらったりしていました。僕は（みなさんより）後から保育の勉強を始めたので、本も相当読みましたけれども、現場実践から学ぶという姿勢だったこともあり、意識的に「領域」「子どもの主体性」などという前に、幼児教育の内容や実践として大事にしている点については、感覚として理解していた感じでした。

そして、僕はそもそも元年の改訂には関わっておらず、「幼稚園教育要領」を文字通り勉強したのは、元年改訂の後のことなんです。ただし、その時に、小学校に「生活科」[*3]が入ったことは、小学校教育にとっては画期的な出来事でした。

「生活科」導入は、幼児教育と小学校教育の本格的なつながりを設けるという点がねらいの一つだった。そういうところで僕は「生活科」に当初から関わり、その縁ができ

*2　**白金幼稚園**　東京都港区にある私立幼稚園。日本の戦前からの集団主義保育の流れを汲み、一九三六年に城戸幡太郎の指導下で始まった「保育問題研究会」の牙城でもあり、白金幼稚園の園長も務めた海卓子氏はその有力メンバーの一人であった。そこでいう「集団主義」とは一律の集団的一斉保育という意味ではなく、子ども同士の関係の構築を重視するという立場だと捉えられる。

*3　**生活科**　平成元年（一九八九年）の「小学校学習指導要領」の改訂に伴い、小学校低学年の理科・社会科を廃止し、新たにつくられた教科（平成四年度より全面実施）。小学校低学年を幼児教育から小学校での学習の本格化に至る移行期として捉え、子どもが生活・遊びから学ぶことを重視していこうとして、その学校環境・地域環境・家庭環境から学び、それを言語化していく過程を重視する。

*4　**小田豊**（おだ・ゆたか：一九四二―二〇二一年）一九

て、生活科の最初の指導書の作成に携わりました。たぶん、幼児に詳しい発達心理学者として登用されたのだろうと思います。その後、小田豊[*4]先生に声をかけられ、平成一〇年の「幼稚園教育要領」改訂の取り組みに関わることになりました。関わる以上は、自分なりに考えますよね。その時に、「6領域」や「5領域」というよりも、基本的に「子どもの主体的在り方」という観点と同時に、幼稚園であれば「教師の在り方」はいかにあるか。小田先生が教師のいろいろな在り方を「幼稚園教育要領」に入れたわけですけど、僕はそれは当然のことと思っています。

「内容」の重要性

無藤：それから、僕が幼児教育を学ぶなかで、白金幼稚園などを経ているということは、いわゆる「伝えあい保育」[*5]といった勉強を当然しているわけです。「集団主義」の行きすぎもよく見ていましたが、その一方、仲間集団の大切さについてはずっと考えていました。それとともに僕は、教育内容、保育内容は大事だということはずっと思っていたんです。たとえばピアジェ[*6]を学ぶなかで、ピアジェの「数の研究」などいろいろありますよね。おおざっぱには発達段階と受け取られるかもしれませんが、個別的にはもっと内容ごとに子どもが関わる構成的な在り方という重要性がある。

「発達心理学」のほうでも、それぞれに独自のものとして、「5領域」の保育内容の項目に相当することは扱われているということを学んできた。そのあたりのことを、なんとかして具体的な形にすべきだと考えるようになりました。特にお茶の水女子大学に移

六六年、広島大学教育学部教育専攻科修了。その後、滋賀大学教育学部助教授、教授、文部省幼稚園課、国立教育政策研究所を経て、二〇〇七年に国立特別支援教育総合研究所所長、理事長、二〇一三年に聖徳大学児童学部児童学科教授。文部科学省視学委員、内閣府幼保一体化ワーキング委員等を歴任。平成一〇年（一九九八年）の幼稚園教育要領の改訂では中心的な役割を果たす。

＊5 伝えあい保育 東京保育問題研究会において、当時のリーダーの一人である乾孝が展開した考え方。特に子ども同士の話し合い過程を通して自分たちの考えを協働的に構築することを目指していた。集団主義保育を保育者側の主導ではなく、子ども同士で考えて進めるものであることを明確にした。

＊6 ピアジェ（Piaget, J.: 1896-1980） スイスの心理学者。二〇世紀を代表する心理学者の一人。有名なものとして「認知発達段階説」がある。子どもの認

籍してからは、公立幼稚園やお茶大の附属幼稚園に加えて、他の国立大学附属幼稚園、私立幼稚園などとの関わりが増えていきました。

その頃の東京の公立幼稚園は、指定研究という制度があり、二年間にわたり外部から助言者を呼ぶ予算をとっていたんですね。それで、保育の記録をとったり、ビデオを撮ったり、話し合いを重ねてはうまくいったりいかなかったり……。こちらも助言者として発言はするけれど、同時にいろいろ学ぶことも多く、とても興味深く面白かったですよ。

その頃に一緒に取り組んだ保育現場の人たちは文京区などの人が多く、その後、東京都の幼児教育関係の団体の長になったり、国公立の園長会の長になったり……。そういう方々がほぼ歴代、どこかで一緒に取り組んだよねという感じでした。結果的に僕は、極めて優秀な実践者と出会っていたことになります。

そして、平成一〇年の「幼稚園教育要領」改訂の検討の場には当然、小田先生や神長美津子先生がいらっしゃいました。そういう方々とは、公式の会議ではない場でもあれこれいろいろと話す機会があります。そういった時に、幼児教育の取り組みの在り方としてどういう形ならいいのだろう……、などとやりとりすることができた。

当時、僕は保育所にも行っていましたから、僕にしてみたら、〝乳児が学ぶ〟など、当たり前のことだったんです。

だからこそ、乳幼児期から小学校の連続性をきちんとつくらなければならない。そして、保育者の（保育の）読み取り、主体的な在り方、それらをきちっと考えなければならない。そう考えていました。僕は、小学校教育の分野では斎藤喜博[*7]に学んでいるので、

知機能は、外界を認識する「シェマ」が四つの段階（感覚運動期、前操作期、具体的操作期、形式的操作期）を経て変化することで発達すると考えた。

＊7　斎藤喜博（さいとう・きはく：一九一一―一九八一年）日本を代表する教育者の一人。群馬師範学校（現・群馬大学共同教育学部）本科第一部卒業後、小中学校の教師を経て、一九五二年、佐波郡島小学校校長となり、「島小教育」の名で教育史に残る子どもたちの表現力を育てる実践を展開した。また、自ら設立に関与した研究会等で現職教員を指導するほか、大学の非常勤講師として教員養成にも携わり、一九七四年には宮城教育大学教授に就任。授業論を中心とした膨大な著書があり、二期にわたって編集された『斎藤喜博全集』全三〇巻（第一期全一八巻：一九六九―七一年、第二期全一二巻：一九八三―八四年、共に国土社から刊行）にまとめられている。

小学校側の教師の在り方などの影響を強く受けています。同時に子ども主体と仲間集団の在り方の組み合わせをどう考えるか、それを具体的に幼稚園教育要領に反映するにはどうしたらいいかと考えたわけです。

そして、就学前の子どもたちが育つ場として「幼稚園」と「保育所」が分断していたら、にっちもさっちもいかないんだよ、と。以前から理屈としてはわかっていましたが、具体的にどうしようもないことはたくさんあるということに気づきますよね。それで、なんとかしないと、という時に、「子ども・子育て支援制度[*8]」の前の段階……、「認定こども園」のさらに前の「総合こども園」構想などにもたまたま関わってしまった。依頼されて取り組む以上は実現したいと考えますよね。

幼児教育というものの社会的認知も上げ、それから保育者もいろいろな形でレベルアップする必要がある。その仕組みは具体的にどうしたらいいか。であれば、養成校の在り方も考えよう。さらに保育研究の在り方も考えよう。そして、幼保の制度的統合も可能ならばやろう……と考え、これまで取り組んできたことになります。

幼稚園教育要領の根本を整えるために……

無　藤：そして、「幼稚園教育要領」をもっと根本的なところからしっかり整えよう、と。結局、平成一〇年（一九九八年）、平成二〇年（二〇〇八年）、平成二九年（二〇一七年）……と、「幼稚園教育要領」の改訂に三回関わったわけですけれども、最初の頃は一番下っ端の、そもそも要領がわかってなくて、小田先生に指導されながら、時々怒られながら

＊8　**子ども・子育て支援制度**　すべての子ども・子育て家庭を対象に、幼児教育・保育、地域の子ども・子育て支援の質・量の拡充を図ることなどを目的にした、二〇一二年に成立した「子ども・子育て支援法」、「認定こども園法の一部改正」、「子ども・子育て支援法及び認定こども園法の一部改正法の施行に伴う関係法律の整備等に関する法律」の子ども・子育て関連三法に基づく制度のこと。

「君違うんだよ……」などという時もあった（笑）。二回目の改訂（二〇〇八年改訂）の時はある程度発言できた。その時は、小田豊先生と共に、小川博久先生と柴崎正行さんが主に先導していらした。

平成二九年（二〇一七年）改訂は、たまたま僕が中心になったから、根本的なところから取り組もうとしたのですが、それこそたまたま「幼稚園教育要領」と小学校・中学校「学習指導要領」改訂の両方をやらされたわけです。

「学習指導要領」と「幼稚園教育要領」のそれぞれの責任者をさせられて……、二刀流ですね……、両方やったんですよ。こういったガイドライン改訂の取り組みはいろいろあるけれども、普通は兼任なんてあり得ません。幼稚園は幼稚園、小学校は小学校。世界が違うから、メンバーは重ならない。でも、そういうふうになっちゃって。また、遡れば、大分以前から文部科学省と厚生労働省の職員〝たすき掛け〟人事もあって、それから多くの官僚の方々などとも、さまざまな人的つながりが生まれました。

そういう方々と共に、まず基本的なアイデアをいろいろ出して、特に、二〇〇五年の中教審答申の「今後の幼児教育の在り方について」[*9]は、当時どのように現場側が認識したかわかりませんが、そこにすごいアイデアがダーッと入っているんです。特に発達の連続性と生活の連続性をもとに、同時に幼児期の独自性・幼児教育施設の意義を考えるという構想を打ち出しています。それを僕と当時の幼児教育課の課長で一緒に、かなり自由に考えて盛り込んでいる。もちろん小田先生ともね。こういった流れで具体的にこんなことをやればいいという話はおおかた出し合って……、あの頃、「アクションプログラム」[*10]というのも出しましたね。ああいった文書については、世間は忘れても、文部官

＊9　中央教育審議会「子どもを取り巻く環境の変化を踏まえた今後の幼児教育の在り方について（答申）」二〇〇五年。

＊10　文部科学省「幼児教育振興アクションプログラム」二〇〇六年。幼児教育の振興に関する施策を効果的に推進するため、国公私立の幼稚園、認定こども園における教育の条件整備を中心とした文部科学省の施策に関する計画を定めるとともに、地方公共団体において取り組むことが望まれる施策を示した、総合的な行動計画。

＊11　秋田喜代美（あきた・きよみ）本書「8 保育・幼児教育の未来を語る」のプロフィール欄（二〇一頁）参照。

＊12　東京大学大学院教育学研究科附属 発達保育実践政策学センター（CEDEP）乳幼

僚は忘れませんよ（笑）。

大豆生田：なるほど。幼稚園教育要領と学習指導要領、どちらもだったのですね。それが、その後の接続の議論にもつながったのでしょうね。

無　藤：一方、秋田喜代美さん[*11]が中心になって、東京大学に制度・政策にも関わるセンター[*12]をつくった。小田先生はそれもサポートしながらも小田先生として国立教育政策研究所（以下、国研）内にセンター[*13]をつくりましたね。

国研にそういった組織をつくることができたのは、もちろん文部科学省の課長や局長がサポートしたからだけど、僕も関わって、つくることに至りました。長い間の運動の成果です。そういうナショナルセンターをつくった。そして、今、全国に広がりつつある「幼児教育センター[*14]」も僕のほうで言い出して、少しずつ広めていった。

ですから、「幼稚園教育要領」の改訂も含め、大きく幼児教育の質をちゃんとしたものに……と、二〇年から三〇年ほどかけて取り組んだということになるんです。

平成二九年（二〇一七年）の幼稚園教育要領等の改訂については、表面的に幼小をつないだのでは意味がありません。小学校に「生活科」ができた後、〝つなぐ〟という試みをいろいろなところでやったけれど、残念ながら消えたんです、実質的には。ですから、もっと根本的なところから立て直し、しかも「幼稚園教育要領」「小学校学習指導要領」という法定文書に相当する文言レベルで、きちんとしなきゃいけない。

それと、「21世紀型の学力」というテーマで文科省内で勉強会をもった際に、OECDのコンピテンスについて考えていたから、「資質・能力の三つの柱[*15]」を立て、その上に一貫した枠組みを構築してみよう、と何人かの委員で動き始めた。

児の発達や保育・幼児教育の実践、そのための政策に係る研究を推進する「発達保育実践政策学」という新たな統合学術分野の確立を目指して、二〇一五年七月に設立。

＊13　国立教育政策研究所　幼児教育研究センター　幼児教育政策への関心の高まりを背景として、幼児教育に関する効果的な研究活動を遂行するため、二〇一六年四月に新たに設置された。文部科学省をはじめとした関係省庁との連携のもとで、幼児教育に関する国内の調査研究拠点としての役割を担っている。

＊14　幼児教育センター　都道府県等が広域に、幼児教育の内容・指導方法等に関する調査研究、幼稚園教諭・保育士・保育教諭や幼児教育アドバイザーに対する研修機会の提供（幼児教

ですから、平成二九年（二〇一七年）の改訂は、画期的な部分はあるでしょうけれども、僕が認識している流れとしては、元年（一九八九年）前からの考え方の良質な部分をつなぎ、元年にアピールとしてかなり出し、それを手直しして、理論も実践も積み上げてきたものの集大成と考えたい。それは、表面的なまとまりではなく、「子どもの育ちとは、いったい何なんだ」、また「なぜ、幼児期に〝教育〟という形をとっていく必要があるんだ」というところまで考えて組み上げたんです。幼児教育・保育としてその時期にふさわしい教育とは何かを明確にしたうえで、同時にそこで成り立つであろう、小学校へとつながる資質・能力とは何かを懸命に考えた。

小学校とのつながり——関わりをいかに考えるか

大豆生田：いくつかお聞きします。

一つには、今回は、平成元年（一九八九年）改訂から平成二九年（二〇一七年）改訂へとお話しいただいていますが、当時、無藤先生が関わられた主なフィールド（保育現場）は、東京都の公立園で、しかも東京の中心地にある幼稚園。それと海先生の白金幼稚園……。すると、東京都の公立幼稚園が取り組んでいたことごとは、そもそも平成元年改訂の幼稚園教育要領の一つのモデルになっていたかなという気がしますが。

無　藤：それはそうでしょう。高杉自子先生や野村睦子先生も、東京都の公立幼稚園をベースにしていらしたし。もちろんそれと全国の国立大学附属幼稚園の働きが大きいです。

大豆生田：ですよね。ですから、無藤先生としてはその流れが自然だったのだろうなと思

育アドバイザー候補者の育成を含む）や相談業務、市（区）町村や幼児教育施設に対する助言・情報提供等を行う地域の拠点のこと。

＊15　資質・能力の三つの柱　平成二九年（二〇一七年）改訂の学習指導要領等の改訂のポイントの一つで、学習する子どもの視点に立ち、育成を目指す資質・能力を、「知識及び技能」「思考力、判断力、表現力等」「学びに向かう力、人間性等」の三つの柱で整理している。

いながらうかがっていました。そしておそらく海先生の白金幼稚園は、幼稚園教育要領の改訂があろうがなかろうが、大事にしているところは変わらない。別の文脈で幼稚園教育要領とこうつながるよねとおっしゃるかどうかは別として、その流れのなかにあったかと思いました。

それ以降の動きにおいて、幼児教育のほうが小学校側に合わせていく流れは、何度か出てきたのでしょうか。

無　藤：それはね、改訂のたびに出てきていたんです。元年改訂の際には、幼稚園教育要領としては、小学校側にほとんど触れていません。それは一つの見識かもしれませんが、明らかに幼稚園教育から小学校教育に進んでいくわけですから、そこをなんとかポジティブな形で言わないと、まずいわけですよね。小田先生はかなり考えた。それに対していわば外野からは、改訂のたびに必ず、小学校に代表される学校教育の在り方を幼児期に下げようという意見が出てくるんです、毎回です。

大豆生田：毎回出てくるんですよね。いつもその様子を外から見ながら、心配していました。

無　藤：文科省内にも幼児教育について理解している人たちはいるわけだけど、そうじゃない人もいくらでもいますから、そういう方々はたとえば「五歳から小学校就学としたっていいじゃないか」と。そうしたら一年早く卒業するし……というような。

冗談じゃないんですよ、本気に、普通にそのように考える……。政治家にもいろいろな人がいますが、「就学年齢を下げるのが一番手っ取り早い」というような動きはその都度起こるわけです。

そういう観点で見ると、小田先生が〝教師の役割〟を広げたのも、そういった動きへの防衛策でもある。それから、都度の改訂で幼児教育としてしっかり〈学び〉を入れよう、というのも一つの見識であるし。

大豆生田：〈学び〉というキーワードも、後で出てきたキーワードですよね。

無　藤：そうです。「学びに向かう力」として三要領・指針で出てくるのは、幼児期の学び自体ではなく、そちらに向かうという意味ですが、要領には「主体的・対話的で深い学び」というのを、小学校と同様に入れました。

「学び」の〝芽生え〟の、その先に

大豆生田：「学びの芽生え」という言い方をされていましたっけ……。

無　藤：文部科学省の協力者会議の報告書等では、当初は「学びの芽生え」でしたね[*17]。だけど、今回の改訂では「学びの芽生え」ではなく、単に「学び」と称しています。「主体的・対話的で深い学び」と。

大豆生田：そうですよね、「学びの芽生え」では、整合性がとれなくなりますよね。

無　藤：「学びの芽生え」では弱いと思った。「学びの芽生え」ということはちゃんとした「学び」ではないという意味になりますし……。とはいえ、面倒なので、私も「学びの芽生え」と呼んで、そこから小学校へ「自覚的な学び」となると理論化していますが。

大豆生田：そうでしたか（笑）。

無　藤：いろいろなところに〝芽生え〟があるのはいいけれど、……つまり算数の芽生え

＊16　幼児教育（幼稚園教育）における教師の役割について、平成一〇年（一九九八年）の改訂において、第一章「総則」の「1　幼稚園教育の基本」に次の文言が示された。「その際、幼児の主体的な活動が確保されるよう幼児一人一人の行動の理解と予想に基づき、計画的に環境を構成しなければならない。この場合において、教師は、幼児と人やものとのかかわりが重要であることを踏まえ、物的・空間的環境を構成しなければならない。また、教師は、幼児一人一人の活動の場面に応じて、様々な役割を果たし、その活動を豊かにしなければならない。」

＊17　文部科学省「幼児期の教育と小学校教育の円滑な接続の在り方について（報告）」二〇一〇年。

があるならいいけど、乳幼児期は乳幼児期のまま価値があると言いたい。芽生えでいいんですが、それはすなわち学びであると。もともと「学習」とは書いてある。これは「教育基本法」「学校教育法」の規定ですから記されているわけですけれど、子どもの具体的な在り方に即してそれは「学び」であると言い換えた。そして「10の姿」[18]も、ある意味では小学校との対応が直に入ってくるところを、一つクッションを入れて変えたんです。小学校における教科に付随するものではない。でも、小学校の教科につながっていく……。いろいろ考え合わせてつくったものですね。特に資質・能力が保育内容の領域で実現していくプロセスを保育者の視点で示しています。

大豆生田：平成二九年（二〇一七年）の改訂では、「10の姿」が、現場からの反響も大きかったと思うんですけど、小学校との接続や、学びの可視化という意味でも、意義は非常に大きかったかと思いますが、いかがでしょう。

無　藤：その前の協力者会議で、秋田喜代美さんも入っていましたが、そこで「10の姿」の原型をつくったんです。僕と当時の改訂担当者たちと二〜三人で一気につくったのですが、秋田さんは半分納得、半分首をかしげる、みたいな……（笑）。

大豆生田：そうだったんですね（笑）。

無　藤：少なくとも、危ないなという感じは抱いていたでしょう。僕だって、危ないと思ってはいました。率直に申せば、いかにして、妙な利用のされ方をしないようにするか……。ですから極めて慎重に文言を組んだり、「姿」という用語に独自の意味を込めたりしているわけです。それぞれの「力」（到達すべき力量）ではなく「姿」に変えたというあたりは、いろいろ仕組んできました。

＊18　**10の姿**　平成二九年（二〇一七年）改訂の幼稚園教育要領等に記された「幼児期の終わりまでに育ってほしい姿」のことで、具体的には「健康な心と体」「自立心」「協同性」「道徳性・規範意識の芽生え」「社会生活との関わり」「思考力の芽生え」「自然との関わり・生命尊重」「数量や図形、標識や文字などへの関心・感覚」「言葉による伝え合い」「豊かな感性と表現」を指す。

大豆生田：繰り返しお聞きしますが、これまでも何度も出てきていたんですね……幼稚園教育要領改訂のたびに、小学校の教育内容を下ろしてくるというような話は……。

無　藤：だからこそ、防衛的に小学校とのつながりを切ってはダメなんです。

大豆生田：そこで平成二九年（二〇一七年）の改訂では、小学校教育のなかにまで幼児教育とのつながりを明確に示した……。

無　藤：10の姿で幼児教育のロジックで小学校へと展望を示して、小学校の学習指導要領でそれを受けて低学年教育を行うのだと言い切ったのです。よく通ったと思います。

保幼小連携を無理なくすみやかに……

無　藤：小学校についていえば、これまで三回、小学校の学習指導要領の改訂に関わったなかで、特に平成二九年（二〇一七年）版とその前（平成二〇年：二〇〇八年）にはもともと幼児期との関係って、少し書いてはある。多くの人にはその苦労は見えないだろうと思うけれど、小学校の学習指導要領の総則に「幼稚園」と記されていたところを「幼稚園や保育所」にして（平成二〇年）、平成二九年の改訂では「幼稚園、認定こども園、保育所」と「認定こども園」を入れています。

というのも、幼稚園や小学校は、あくまで学校教育体系なんです。すると、学校と教育体系にある幼稚園とのつながりは法令的にＯＫだけれど、それ以外は、保育所だって塾のような存在と同じになってしまう……、小学校から見たら。そういう状況において、学習指導要領や幼稚園教育要領に「保育所」という用語を入れるのは法令としておかしい……、というのは個別のいちゃもんではないんですよ。法令的には間違っていません。内閣法制局のチェックは厳しいですからね。実際に平成二九年（二〇一七年）の「保育所保育指針」改定においても「学び」という用語を入れられなかったですし……。改定取り組み作業の途中までは入りそうだなと思われていたんですけれどね。ですが、最後に近い段階でアウトでした。

僕が何度も保育所関係者に、「保育所を学校教育にしなければ……」と進言したのはそういう意味合いなんです。そこは無理なのですが、「10の姿」というのは、かなり苦心したけれど、「資質・能力」の考えで貫くという点においては、小学校・中学校側に納得してもらえた線だったのでよかったんです。しかも、「乳児から始まる」。乳児から、つまり〇歳から一八歳までを貫く柱である理屈を全部受け入れてくれてよかったんです。

ですが、より具体的な仕組みとして、もう一つ必要なんですよね。「資質・能力」だけでは小学校は動きませんから。ですから「10の姿」というのは、二面性をもっているんです。小学校から見ると教科につながるように見えるけれど、幼児教育に即して見ると、幼児教育の実践に即しているように見える。

つまり、「接続」ってそういうものだと思うんです。両面あわせもつから意味がある。しかも、僕が「姿」をかなり意識したのは、振り返りとか記録とかということとつなげようと考えたからなんですよ。「姿」は保育者が見た姿であり、それは記録されます。振り返りもつくられる。それを「能力」「力」などのように抽象的に表現してしまうと、捉え方がごちゃごちゃになっていきかねません。実際、改訂後、ドキュメンテーションの取り組みなどの記録の在り方に関わる議論はたくさん出てきていますからね。

大豆生田：ドキュメンテーションも含め、子どもの姿を記録するという方向性はこれまで以上に生まれたと思います。それで、小学校との接続のところというのが、「架け橋プログラム」[*19]の話につながってくるところだと思うんですけれど、一部報道で「五歳児に共通のプログラムを……」と流れたところから世の中がざわつきましたよね。そのあたりについて、先生はどう思われていますか。

無藤：ざわついたことは一〇〇%間違いではない。その時の政治家や文科省のトップにおいては、共通の活動を幼稚園・保育所でもするようなイメージをもった人はいたはずなんです。

大豆生田：「遊び」という言葉が入ってなかったから、さらにざわついたと思うんですけど。

無藤：担当に近いところでは、あえてあいまいにした部分もある……。

大豆生田：なるほど（笑）。

無藤：官邸まで届くテーマですから……。

今、文科省には、主要部署に幼児教育経験者がいます。そういう方々は、幼児教育を忘れませんから、さまざまな場で力になってくれるんです。そして、いわゆる知的早期教育はしない……と担当者は了解しているわけです。幼稚園教育要領と矛盾しますし、これまで監督官庁として数十年やってきたことについて自己否定はしませんから。そのうえで、今回の架け橋プログラムのための検討委員の選定を相当考えたでしょうね。

当初、僕は、「架け橋」の特別委員会の委員長は嫌だと言ったんですが、担当の課長から直談判されて。その一方、秋田さんが座長を担ってしまうと検討会で自由に発言で

＊19　幼保小の架け橋プログラム　幼児教育の質的向上および小学校教育との円滑な接続について専門的な調査審議を行うため、二〇二一（令和三）年七月に中央教育審議会初等中等教育分科会の下に、「幼児教育と小学校教育の架け橋特別委員会」が設置され、二〇二三（令和五）年二月にその審議のまとめとして「学びや生活の基盤をつくる幼児教育と小学校教育の接続について――幼保小の協働による架け橋期の教育の充実」が取りまとめられた。「幼保小の架け橋プログラム」は、子どもに関わる大人が立場を越えて連携し、架け橋期（義務教育開始前後の五歳児から小学校一年生の二年間）にふさわしい主体的・対話的で深い学びの実現を図り、一人ひとりの多様性に配慮したうえですべての子どもに学びや生活の基盤を育むことを目指すものであり、二〇二二年度から「幼保小の架け橋プログラム事業」が実施されている。

きません。ですから、僕が長を担いました。検討会では、「何か言ってほしい……」と秋田さんの顔を見ると発言してくれた。委員から難しい発言が発せられた時は、僕が言うか、事務方の課長が出てくるか……。秋田さんもなんとなく丸めながら、みたいなことをやってくれるんです。

大豆生田：改訂の検討会にも、幼児教育が専門ではない方々もいらっしゃるわけですからね。

無　藤：秋田さんとしても担当課長としても、次の幼稚園教育要領改訂時に、今の架け橋の取り組みがそのままつながるとは思っていないでしょうけれど、架け橋での議論が、布石になっていくとは考えていると思いますよね。

幼保一体化を目指しての課題

大豆生田：では、その先の話をうかがいたいのですが、二〇二三年度より「こども家庭庁[*20]」が稼働しました。論点の一つに、「幼保をどうするのか」という一元化の問題に関するものがありましたが、結局のところ幼稚園の管轄は文科省のままとなりました。次世代に向けて、幼保一元化ではないにせよ、どの辺に課題があるのか、あるいは、ここがポイントになるというような点について先生はどうお考えでしょうか。

無　藤：「保育所」が現状として〝学校教育〟機関ではない以上、法制度上、幼稚園とは一〇〇%同じにできないんです。そういう状況下で、幼稚園を内閣府の外局であるこども家庭庁に移管した場合、幼稚園の学校教育的側面は弱くなる。

＊20　**こども家庭庁**　政府で所管する子どもを取り巻く行政分野のうち、従来は内閣府や厚生労働省が担っていた事務の一元化を目的に設立された内閣府の外局であり、二〇二三年四月一日に発足。こども家庭庁については、本書「7『子どもの権利条約』から保育の基本を考える」（一六九—一九九頁）も参照。

昔からその部分に関わっている人は、「教育基本法」が改正され、「学校教育法」第一条の幼稚園の位置づけが正面切って記された時に、大喜びしました。状況を知らない人が読めば、ただ「学校教育法の第一条に〈幼稚園〉って書いてある……」と思うくらいだろうけれど、記載の順番ですよ。幼稚園、小学校、中学校……と記されている。要するに幼稚園は普通に「学校」であるということになった。

それが「こども家庭庁」に移管された場合は、もしかしたら元に戻すことになりかねない……。小学校との接続も切れてしまう……。むしろ保育所の位置づけに引き寄せられていく……。そういう可能性があるということです。幼稚園が、実態として保育所化したっていいとは思います。でも、かつて「認定こども園」を構想した際に、「幼稚園」と「認定こども園」を〝学校教育〟に位置づけ、「保育所」をそこに準じる場（施設）とした。そして、「幼稚園教諭」と「保育士」をあわせもった「保育教諭」という〝職能名〟を提示し、新たな統合化の可能性を見出したのです。家庭と連携し、福祉機能をもちつつ行う乳幼児教育の在り方を打ち出したことになります。ですが、その乳幼児教育の在り方が、弱体化しかねないという危惧を感じたわけです。

「保育所」を、たとえ〝学校〟と呼ばなくても、乳幼児期にふさわしい教育をするところとして同等の位置づけに近づけてほしい。保育士の上級資格を設けるという試案が厚労省で通りにくいのは、「保育士」は、学校教育とは異なる、福祉の基礎資格という位置づけが変えられないからなんです。それをなんとか改善していきたいと考えた時に、果たして幼保の管轄を「こども家庭庁」にまとめるほうが得策かどうか……。必ずしもそうしたほうがいいとはいえないと僕も秋田さんも思った。呼ばれて意見を伝えましたが、文科省としても同意見である、と。

そこで、文科省は幼稚園を簡単には手放しませんから、むしろ幼児教育・保育に教育としての筋を通すことをしたいと考えています。それが幼児教育・保育の質の維持・向上に有効ではないかと思うのです。ただ、よりよい要領・指針を〝共同告示化〟していくということになるとすれば、これまでの幼稚園教育要領改訂・保育所保育指針改定の議論について、検討会の会議を一体化できるかもしれない。もしかしたらワーキンググループにするのかもしれないけれど、その後も、〝親委員会〟的には一緒にするということができるでしょうから、議論がすっきりしていくかもしれませんね。

大豆生田：そうしますと、「幼稚園」は学校教育として位置づけられるという点は重要事項だとして、「保育所」はどのようになっていくか……。平成二九年（二〇一七年）の保育所保育指針の改定でも、「学び」という用語が入らなかったりしている。保育所が現行のポジションのままでいいのか。「認定こども園」は一定程度自在にできるんでしょうね。

無　藤：独自の法律[*21]をつくったからね。

大豆生田：すると「保育所」は平成二九年（二〇一七年）の幼稚園教育要領改訂、保育所保育指針改定で、三歳から五歳の保育内容は「幼稚園」と共通となったけれども、幼稚園教諭＝教職と比べ、保育士の位置づけが違うといった課題をどのように克服していくかという点は、今後の大きなテーマとなると考えてよいでしょうか。

無　藤：そこを完全に、文科省の取り組みに含ませるように保育所が学校教育を担う存在として統合するというのはもっとも強いやり方だけれど、もう少し柔らかくと考えるな

＊21 「就学前の子どもに関する教育、保育等の総合的な提供の推進に関する法律」（平成一八年法律第七七号）。いわゆる「認定こども園法」。

ら……、今の保育所は「児童福祉法」で規定されている「保育所」だけれども、そこに学校教育に準ずる教育としての位置づけをもたせるというやり方はできるかもしれません。

大豆生田：現場からは、教育と福祉の二元的な事務のような作業も含めて煩雑さもかなり大きな課題だというのも聞きますが、それらをもいかにクリアできるか。

無　藤：その一方、幼稚園側も今後「預かり保育」はもっと広がっていくでしょうし、さらに障害のあるお子さんだけではなくて、いろいろな意味で難しい指導を要するお子さんを入れていくことが当然であるべきになると思うんです。というよりも、本来、それは当然の姿だと思う。そういった点を明示化していく。そして、幼稚園も、福祉的な働きを担うということが、もっと表に出たっていいはずです。そうして、幼保を実質的に合わせていくなかで、教育と福祉の両立を工夫していくということになっていくのではないでしょうか。

小学校における「スタートカリキュラム」

大豆生田：今後、そういった現状の課題が具体的にどのように動いていくのかという点が重要だろうと思いますが、もう一つはやはり小学校とのことです。現状、「スタートカリキュラム」[*22]が新型コロナウイルス感染症の蔓延時期と被ってしまったというのもあって、動きにくかったかと思われますが、「幼児教育センター」など、自治体が地域の動きに期待するところが大きいでしょうか。

＊22　スタートカリキュラム　小学校へ入学した子どもが、幼稚園・保育所・認定こども園などでの遊びや生活を通した学びと育ちを基礎として、主体的に自己を発揮し、新しい学校生活を創り出していくために一年生の最初の一か月ほど、幼児期のやり方から徐々に小学校のやり方に移行していく際のカリキュラムのこと。小学校学習指導要領解説総則編にも示されている。

無　藤：各自治体の教育委員会がしっかり関与し、すべての幼保および公立私立も合わせて……、という動きが、今後強くなっていくと思うんです。多少の予算がつくようにもなるでしょうし。いろいろなところが動き出すけれど義務化はたぶんできません。そういった状況において小学校は、具体的にどこまで取り組むかという点については、すべての小学校一年生のカリキュラムに「スタートカリキュラム」を入れることはできてきましたが、さらに低学年全体を変えていきたい。

であれば、小学校の低学年全体を見渡しつつ、小学校一年生のカリキュラムを見直すという方向をなんとか出せないか。どの教科にしても、またスタートカリキュラムに終わらず、一学期・二学期・三学期においてです。正直言えば、なかなか先は厳しいですが。現状そこまで踏み込もうとしています。

文科省のなかでも、幼児教育課と小学校以上の教育課程課は隣り合っています。幼児教育を全くの学校にするわけではないけれど、同時に小学校の学力を上げるという方向で取り組んでいかなければならない。また不登校を減らしていかねばならない。ですが、その幼児教育と小学校教育の両方をしっかり考えることのできる人が行政側も研究者側も決して多くはないというのが現状です。

大豆生田：「令和の日本型学校教育」の内容でも[*23]、文言だけ読んでいますと幼児教育が大事にしてきた内容と共通するように思えます。

無　藤：そうだと思いますね。

＊23　中央教育審議会「『令和の日本型学校教育』の構築を目指して――全ての子供たちの可能性を引き出す、個別最適な学びと、協働的な学びの実現（答申）」二〇二一年。

なお、この議論のなかでは、幼児教育についてはあまり取り上げられていなかったが、同答申の議論の中心にいた奈須正裕氏らによる以下の書籍のなかで、大豆生田が「令和の日本型学校」のキーワードである「個別最適な学びと協働的な学びの一体的な充実」について、幼児教育との共通性と幼児教育の重要性について触れている。

奈須正裕・伏木久始（編著）『「個別最適な学び」と「協働的な学び」の一体的な充実を目指して』北大路書房、二〇二三年、一〇八―一二六頁。

さらなる保幼小連携に向けて

大豆生田：改めまして。本来的に優れた幼児教育の延長線上に小学校以上の教育があると思えてならないのですが、いかがでしょうか。

無　藤：保幼小のつながりは、延長でもあるし発展でもある。幼児教育の在り方そのまま小学校三年生、四年生、五年生、六年生……、は無理でしょう。そこは一年生あるいは低学年というところでの延長的発展がありつつも、以降は学校教育風になっていくという仕組みをつくる必要がある。イギリスやアメリカ、ヨーロッパのかなりの国も、おおよそそのようになっています。日本および東アジア全体は、幼児教育と小学校教育がいろんな意味で画然と違うんです。

大豆生田：東京都の公立幼稚園は当たり前に今までも取り組んできたのかもしれませんが、平成元年（一九八九年）に「幼稚園教育要領」を改訂した時から、日本全体の保育所・幼稚園・公立・私立の状況を考えると、現状については、僕はかなり変わってきたと感じています。これだけ〝遊びを中心とした学びの幼児教育〟が共通認識となっていった、その背景には何があるのでしょうか。

無　藤：そういう取り組みは平成元年時もすでに一部の現場ではしていましたが、日本全国的に大勢ではありませんでした。そう思うと、ずいぶん変わってきました。以前から、平成元年改訂内容のような保育をしているところはありましたし、なんといっても、保育研究者の層が厚くなりましたし、実践に詳しい人も増えたし、実践者が研究者となっていくことも当たり前になった。

大豆生田：「子どもは教えないと育たない」というところから、「子ども自身が有能な学び手である」というところに実際的に転換していくまでどのくらいの時間がかかるのでしょうか。小学校以上の学校教育が幼児教育・保育の流れとうまく連動しながらいけるかどうか、どう転換していけるか……。

無　藤：実は僕は「教える」「指導する」という言い方は用語としては差し支えないと思っているんですよ。というのは、元年の改訂後、〝新しい学力観〟という言い方があって、「教えちゃダメ」「子どもの発言を中心にしなさい」などと小学校でもありましたが、その弊害もかなりありました。どうしても、子どもを放置している面が強くなるんですよね。

だから僕は一貫して、学校の働きとして大きく述べる場合には、「教える」「指導する」でいいと思いますね。言うなれば、その中身こそが問題になるわけです。具体的な保育者の関わりは欧米ではペダゴジーと言いますが、いわば指導の工夫であり、そこに見守りやら環境構成やら対話やら何やら多様な関わりがある。ですから、「子ども主体」に対して、「保育者主体」と言い出している。保育者はこの難しい仕事である幼児教育・保育について考え工夫し創造していかねばならないです。だけれど、「保育者主体」とは、「子ども主体」を尊重するなかでこそ成り立つはずですから、しっかり考えなければなりません。そして、そういう表現のほうが、小学校にも通じやすくなる気がするんですよね。

無藤 隆先生との対談を終えて

制度・政策策定への思い

無藤先生からは、たいへん貴重なお話をいただきました。幼稚園教育要領、学習指導要領改訂の中心的な役割を果たしてきた先生から、率直に思いを聞かせていただいたことはとてもうれしくもありました。そこからは、制度を動かすことは決して簡単ではなく、一つの文言を変えること一つとっても実に膨大な時間をかけた積み重ねがあることも垣間見えるお話でした。そしてその背後には、幼児教育への強い思いがあることが痛いほど伝わってきました。

それは、何度もお名前が出てきた小田豊先生のお仕事がそうであったでしょうし、私の恩師である森上史朗先生、高杉自子先生もそうだし、保育所保育指針の改定に関わられた汐見稔幸先生や増田まゆみ先生、その他これまで多くの先輩の先生方の想像を超えるような働きがあって、世界に誇ることができる現在の幼稚園教育要領、保育所保育指針、幼保連携型認定こども園教育・保育要領があるのだと思いました。感謝しかありません。

「資質・能力」と「10の姿」の位置づけ

現在の要領・指針には「資質・能力の三つの柱」と「10の姿」が位置づけられたことが大きな特徴としてあることは言うまでもありません。現在の要領・指針は、平成元年の子ども主体の改訂の延長線上にあり、元年改訂の次にあたる平成一〇年改訂以降でも「教師の役割」を加えることなどを通してその趣旨を補強してきたともいえるわけです。特に平成二九年の改訂において「資質・能力」が位置づけられたのは、小学校以上の学校教育との連続性を位置づけることでした。

ともすると、幼児期の教育は小学校以上の教育と比べるとその教育的な社会的位置づけとしては十分ではなかったともいえるでしょう。今回、小学校以上の学校教育との連続性のなかに幼児教育を位置づけたことの意味は非常に大きかったと思います。そして、それだけでは不十分だから、そこに「10の姿」も考えられたとのお話もありました。これは、小学校との連続性をより位置づけることや幼児教育関係者外への説明言語として、あるいは保育者の振り返りの視点として大きな意味をもったのだと思います。スタートカリキュラムが生まれる重要なハブになっていたことも大きなことでした。ただそれは、子どもの「姿」であり、決して達成度ではないことも説明されてはいますが、まるで「望ましい姿」であるかのように誤解されて運用される実態もあり、課題はあるもののその成果も大きかったのだと思います。

ともあれ、政治的な動きもあるなかで、五歳児就学問題のようなことが話題になり、幼児教育センターの設置等も含め、幼児教育の意義の制度政策的に位置づけられた意味はとても大きかったことがわかります。

○歳から一八歳までの教育・保育へ

また、幼稚園と保育所の関係の課題もあります。平成二九年改訂（改定）では、幼稚園と保育所の保育（教育）内容等がほぼ共通になったことは大きなことでした。しかしながら、保育所では「学び」という文言が使えないなど一部、課題もありました。さらに、認定こども園が生まれ、一元化ではなく三元化してしまったという批判の声もありました。しかし、無藤先生のお話をうかがうと、それは限りなく幼保一体に向けたプロセスのなかで生じていることだということが見えてきます。

先生の言葉に「○歳から一八歳までを貫く」という言葉もありました。ただし、学校教育ではない保育所を幼稚園と完全に同じ「教育」として位置づけることの課題もあげられました。同時にそれは、保育士など児童福祉法に位置づけられた資格の問題もあるわけです。そうした課題も含め、あるいは要領・指針の内容も含め、今後それをさらに一体化した位置づけとするかどうかが大きな課題といえるでしょう。

「架け橋プログラム」「共主体の保育」へ

「架け橋期」という考え方について、無藤先生がおっしゃっていたように、ターゲットがより明確に小学校全体とのつながりに絞られてきたように思います。しかも、それはスタートカリキュラムで終わるものではないという位置づけです。先生の構想がより現実味を帯びてきました。架け橋プログラムだけではなく、子どもも主体だが、保育者も主体だとする「共主体」の保育についても、無藤先生の大きなバックアップがあって、『日本の保育アップデート！　子どもが中心の「共主体」の保育へ』（小学館、二〇二三年）を出版できました。さまざまな構想が、少しずつ形になって動き出していることがわかります。

聞き手・木村の〈視点〉

無藤 隆×大豆生田 啓友

育ちをめぐる、あらゆる取り組みの道程に

まさに博覧強記。要領指針改訂・改定についても壮大なる知恵袋などと思っていた無藤隆先生が意外や、平成元（1989）年改訂には関わっておられず、その後の平成10（1998）年改訂から本格的に委員として携わられたということを今回の対談で初めて知った。そして「生活科」の登場についても。今でこそ、子どもの育ちに関わる人であれば誰もが知っているはずの教科「生活科」は、同じ平成元年「学習指導要領」改訂時に初めて小学校教育の場に登場したという（全面実施は平成4（1992）年度）。

平成元（1989）年は、中国では天安門事件が起こり、ドイツではベルリンの壁が崩されるなど世界的に大変動の年だったが、この島国における子どもの育ちの場でもまた、大きな変革が取り組まれた年ということになる。

無藤先生は、続く、平成10（1998）年、平成20（2008）年、そして平成29（2017）年の３回にわたり幼稚園教育要領の改訂に実際に関わり、とりわけ平成29（2017）年においては「小学校学習指導要領」の改訂にも携わる。周知のように現行要領・指針は学習指導要領と共に18歳までの成長を視野に入れ策定されているが、子どもたちの育ち〜学びのプロセスのより滑らかな在りように尽力なさったということになるだろう。

そして、ご自身の取り組みについてこのように語っている。「幼児教育というものの社会的認知も上げ、それから保育者もいろいろな形でレベルアップする必要がある。その仕組みは具体的にどうしたらいいか。であれば、養成校の在り方も考えよう。さらに保育研究の在り方も考えよう。そして、幼保の制度的統合も可能ならばやろう……と考え、これまで取り組んできたことになります。」

本対談は、キーワードに満ちている。「領域」「生活科」「子どもの主体的在り方」「教師の在り方」「アクションプログラム」「幼児教育センター」「21世紀型の学力」「資質・能力の三つの柱」「学び」「学びの芽生え」「10の姿」「架け橋プログラム」「遊び」「スタートカリキュラム」……そして、「子ども自身が有能な学び手である」。一つひとつが、子どもの育ち・学びの在り方を探る手がかりを示しているといえよう。

改めて、図（32-33頁）に示した〈「教育要領」「保育指針」「教育・保育要領」の成立と変遷〉をごらんいただきたい。本図を前に、平成元（1989）年以降の要領・指針の変遷に留まらず、戦後から今日に至る、社会変容を背景とする我々の“子ども観の変遷”を辿り、今後のあらまほしい子ども観・人間観、現場実践および養成の取り組み等について、共に思い描き、共に考え合い、共に取り組んでいきたい。

苫野 一徳

×

大豆生田 啓友

3

新たな保育・教育像を「哲学」から考える

そもそも「教育」は何のためにあるのか

苫野 一徳 Tomano Ittoku

熊本大学大学院教育学研究科准教授。専門は、哲学・教育学。

早稲田大学大学院教育学研究科博士課程修了。博士（教育学）。早稲田大学教育学部助手、日本学術振興会特別研究員などを経て、現在。熊本市教育委員。

主著 『どのような教育が「よい」教育か』（単著、講談社、2011年）、『「自由」はいかに可能か』（単著、NHK出版、2014年）、『子どもの頃から哲学者』（単著、大和書房、2016年）、『はじめての哲学的思考』（単著、筑摩書房、2017年）など。

＼ この章の1冊 ／

苫野 一徳

『「学校」をつくり直す』

河出書房新社、2019年

「みんなで同じことを、同じペースで、同じようなやり方で」のまま続いてきた学校への絶望を、希望へと変える方法を提言する。

小１プロブレム、学級崩壊、いじめ、学力テスト重視……

「なんだかおかしい」。けれども、学校のシステムはどうせ変わらない、とあきらめていないだろうか。

「みんな同じ時間割」「みんな同じ教材」「みんな同じテスト」は、「当たり前」ではない。学校が変わるために、私たちに何ができるだろうか。数多の“現場”に携わる、教育学者による渾身の提言！

大豆生田：苫野さんの著書を読み始めたら、どの本も面白く、『子どもの頃から哲学者』[*1]も素晴らしい。また、『どのような教育が「よい」教育か』[*2]は、これまでタブーであったようなテーマを取り上げていらっしゃる。ぜひとも一度話したいと思っていました。

今、「学校をどうするか」というテーマが大きく動いているかと思いますが、苫野さんはその問題意識を先駆的に投げかける方向に動き出したのではないでしょうか。まずは、ご著書『「学校」をつくり直す』から、現状の話をしていただけますか。

教育とは何のためにあるのか

苫　野：「教育」は信念の対立が渦巻く世界です。誰もが教育についての何らかの経験をもっているため、時に言いたい放題でまとまらず、至るところで対立が勃発し、右往左往するわけです。日本の教育も、これまで長らく右往左往し続けてきた歴史があると思います。

私自身が重要な仕事だと思っているのは、そうした教育の議論や政策、実践に〝底板を敷く〟ことです。「そもそも教育は何のためにあるのか、それはどうあれば『よい』といえるのか」。ここを土台にしないと、どのような教育構想も実践も足元がぐらついて底が抜けてしまいます。まずその部分、底板を敷くということを考え続けてきました。

一言で言うと、教育の本質は、「すべての子どもの自由と、社会における自由の相互承認を実質化する」ことにあります。教育は、自由の相互承認に基づく社会を実現するためにある。これは近代の哲学者たちが文字通り命がけで見出した考えなのですが、一

＊1　苫野一徳『子どもの頃から哲学者——世界一おもしろい、哲学を使った「絶望からの脱出」!』大和書房、二〇一六年。
＊2　苫野一徳『どのような教育が「よい」教育か』講談社、二〇一一年。

五〇年前に公教育制度ができた時には、残念ながらほとんど見失われてしまっていたんです。哲学者たち、ルソー[*3]やコンドルセ[*4]……、特にコンドルセなどが〝公教育の父〟といわれますけど、そういった人たちが「公教育」を考えてから、実際に公教育制度ができるまでに一〇〇年かかります。この一〇〇年の間に「自由や自由の相互承認」といった考え方がどこかへいってしまった。時は植民地主義の時代です。列強が凌ぎを削り合い、殖産興業・富国強兵にどの国も向かっていく。そのための道具として公教育が使われるという展開となり、公教育誕生の時から「上質で均質の労働者や兵士を育てる」というところに焦点化されてしまったという不幸があったと思います。

その名残のまま今日まで来てしまっている。その、一五〇年前につくられた（教育の）システムとは何かというと、「みんなで同じことを、同じペースで、同じようなやり方で、同質性の高い学年学級制のなかで、〝出来合い〟のあらかじめ定められた問いと答えを勉強する」。そういったシステムでずっと続けてきたのです。

このシステムが続いているがゆえに、今、苦しむ子どもたちがいっぱいいるということなんですね。落ちこぼれや吹きこぼれ、いじめや不登校……。学校におけるこういったさまざまな問題の根っこは、この教育システムにある。それが私の考えです。

このシステムをもう一度、「自由と自由の相互承認」の実質化のためにつくり直そう。「何もかもみな一緒」というところから、「学びの個別化・協同化・プロジェクト化の融合[*5]」といった形に学びの在り方そのものを転換していきたい。そう長らく提言し、さまざまな自治体や学校などでその実現に向けて取り組んできました。

その他にも、たとえば保育の場では異年齢保育は普通にあるのに、小学校以上になる

*3 **ルソー**（Rousseau, J. J.: 1712-1778） フランスの啓蒙思想家。「近代教育思想の祖」とも呼ばれる。多くの著作を残しているが、そのなかでも、今日の教育にも大きな影響を与えた『エミール』では知性偏重の教育を批判した。また、『社会契約論』では人民主権論を展開し、フランス革命に大きな影響を与えた。なお、『エミール』については、苫野一徳『『エミール』を読む』岩波書店、二〇二四年に詳しい。

*4 **コンドルセ**（Condorcet: 1743-1794） フランスの数学者、哲学者。啓蒙思想の観点から「公教育は人民に対する社会の義務である」とし、無償、奨学制度、男女共学を提案し、教育の平等を達成しようとした。

*5 「学びの個別化・協同化・プロジェクト化の融合」については、苫野一徳『教育の力』講談社、二〇一四年、および『「学校」をつくり直す』河出書房新社、二〇一九年、を参照。

とほとんどの場合で学年学級制になり、いくらか閉鎖的で分断された環境になってしまいますよね。校種、学年、障害のあるなしなどで、どんどん分けられてしまう。そうではなくて、これをもっと〝ごちゃまぜ〟にしていこう。

さらには、本来、学校とは、民主主義の最も土台となる場であるわけですから、上からあてがわれるのではなく、子どもたちが、先生や保護者などと共に、自分たちでつくり合っていくもの（場）です。ルールや行事などはもちろん、授業づくりさえも、そうした共同創造の原点に立ち戻ろうといったことを提言しています。

学校に行きたくなかった僕が出会った灰谷健次郎

大豆生田：「自由と自由の相互承認」については、教育の本質、首根っこをズバッとつかまれた感があり、見事としか言いようがありません（笑）。

苫野さんがご著書等で挙げておられるさまざまなテーマは、具体的な話とすべてリンクしているんですよね。そして、「学びの個別化・協同化・プロジェクト化」については、まさに僕らが幼児教育で大事だと言い続けてきたテーマなんです。

私の個人的な話になりますが、僕、そもそも学校不適応で、かつては学校には絶望しかなく、学校に行かなかった時期も相当ありました。そんななか、たまたま高校生の時に灰谷健次郎の本に出会い[*6]、「えっ？ 〝先生という人〟って、一人ひとりの子どもの気持ち考えるんだ……」と驚いたんです。当時の僕は落ちこぼれていて、学校で先生の話をおとなしく聞くとか……意味（ワケ）わからない。そうした僕がなぜ、その後、教育の道に進

＊6　灰谷健次郎『わたしの出会った子どもたち』新潮社、一九八一年（現在は、角川文庫として刊行されている）。

もうと考えたかというと、灰谷の作品に出合って小学校の先生になろうと思ったからなんです。

けれど、受験がうまくいかなくて、仕事しながらの自分を受け入れてくれたのは青山学院大学の第二部（夜間）の教育学科でした。そこで希望をもったんです。ところが、そこで二度目の挫折があった。最悪なんですよね、「教育学」が。子どもを見たこともなさそうな人が「教育の『教』という字は……」というような講義で、「何だ、こりゃ⁉」と思ったんです。その後も小学校でのいい話がほとんど僕には聞こえてこなかった。

時は平成元年（一九八九年）直前。平成元年は幼稚園教育要領の大改革の年だったんですが、その幼稚園教育要領の策定に携わっていた先生方（高杉自子先生や森上史朗先生など）[*7]と僕は出会ってしまった。その先生方から、「子どもが遊んでいる姿のなかにいかに豊かな学びがあるか」ということを見せつけられて。それが、僕が幼稚園の現場に行こうと思った大きなきっかけでした。そうして小学校以上の教育へ決別をし、もはや学校に希望はないと思い、ずっと幼児教育に関わってきた。

ところが近年、「学校が面白い取り組みをし始めた……」と聞こえてくるようになった。苫野さんが本で書いていらっしゃるような、教育現場の人たちの声があがり始めたということだと思うんです。今、苫野さんのなかで、このようにさまざまな現場が動き出していることに関して、手ごたえ、あるいは、何がこういった動きの原動力となっているかなど、どのように感じておられますか？

＊7　高杉自子氏らとの出会いの話は、本書四一一七頁参照。

〈哲学〉なきエビデンスを問う

苫　野：一つには、問題があまりにも厳しくなってきたという認識が、広く教育界でも社会でも共有されてきたという側面があると思うんです。不登校の子どもたちの数はうなぎ登りです。小中学生の三〇万人が不登校だといわれていますが[*8]、いわゆる不登校傾向の子どもを含めると、中学では七人に一人くらいが学校にノーをつきつけている。そうした学校における諸問題が、広く共有されてきたというのが一つだと思います。

ただこれまでは、じゃあどうすればいいのかということを、ほとんどの人がわかっていなかったと思うんです。でもそれがこの十数年で、「学びの個別化・協同化・プロジェクト化の融合」にしても、「自分たちの学校は自分たちでつくる」にしても、あるいは「多様性がごちゃまぜのラーニングセンター」にしても、具体的なビジョンとそこへ至るロードマップが、少しずつ共有されてきたという感触をもっています。これが二つ目の原動力といえるでしょうか。

ただ、繰り返しになりますが、このビジョンとロードマップの底に、先ほど申し上げたような〈原理〉が必ず必要です。「何のための教育か」という点が見失われてしまうと、教育の構想や実践は必ず混乱し、最後には頓挫します。その〈原理〉を敷き続ける仕事をしたいと自分は考えています。

大豆生田：その文脈を語る際、苫野さんが「哲学」とおっしゃる点にとても説得力がある。「哲学とは、こんなにも説得力をもって語るのだ」という点に驚きます。しかもエビデ

＊8　文部科学省「令和五年度児童生徒の問題行動・不登校等生徒指導上の諸課題に関する調査結果の概要」二〇二四年。

ンス主義に対しても、つまり、これだけ世の中が「エビデンス、エビデンス、エビデンス」と言い募っているなかで、「哲学だ」……。

苫　野：「哲学なきエビデンス」は、世界中、特にアメリカなどひどいものですけど、日本も「哲学なきエビデンス主義」が跋扈（ばっこ）し始めていて、これはたいへんまずいなと思っています。

私は仲間の研究者たちと共に、従来のエビデンスに基づく政策（EBPM：Evidence-Based Policy Making）から、哲学原理とエビデンスに基づいた実践・政策（P-EBP：Philosophical principles and Evidence Based Practice/Policy）へと発展させる必要を訴えています。[*9]「よい保育、よい教育とは一体何なんだろう」という一番の〝底〟を敷かないと、何を、何のために、どのように測定することがよいのかということも、まるでわからなくなってしまうからです。

にもかかわらず、そこがストーンと抜けていると、測定しやすいものを測定して、さも科学的に信頼性の高いエビデンスであるかのような顔をする、なんてことが起こってしまう。でも、それは本当によい教育や保育に資するものを測定しているのだろうか。そのあたりの議論が、やはりストンと抜けていたり、極めて雑だったりする傾向があって、これは本当にまずいなと思っています。

大豆生田：保育・幼児教育の世界でいうと、「幼児教育がなぜ大事か」、そして「保育の質」が問われるなどの際に、僕らもヘックマン[*10]の研究成果について述べたりはしますが、でも課題も満載なんですよ。「このような幼児教育を受けたら、このようなよき経済（的効果）につながる」という展開なのですが、果たしてその文脈だけに乗っていいのだ

*9　一般社団法人 School Transformation Networking（通称 ScTN）のウェブサイト参照。

*10　ヘックマン（Heckman, J. J.：1944-）アメリカ合衆国の経済学者。二〇〇〇年に労働経済学の計量経済学的な分析を精緻化したことでノーベル経済学賞を受賞。『幼児教育の経済学』（古草秀子（訳）、東洋経済新報社、二〇一五年）は、幼児教育への投資の効果、そして非認知能力が注目されるきっかけになった一冊で、日本の保育・幼児教育界にも大きな影響を与えた。本書一〇三―一〇五頁も参照。

ろうか。

一方、「保育の質を超えて」[*11]という議論もある。そもそも、保育の質とは何かとの問いがあるわけです。経済効果で質を見ること自体どうなのか。また、チェックリストなどの一定の評価基準で保育の質を見ることはどうなのかと。けれども、「このことができているかどうか」という評価をすることにつながるとしたら、「質」を考えていく時には、常にそこに「何が大事か」という問い、振り返り、そして対話のありようが問われるのではないでしょうか。

〈自由と自由の相互承認〉および〈一般福祉〉

苫野：まさに、チェックリストを含め、何をどのように測定するかについては、哲学的な視点が不可欠ですね。そうでないと、チェックリストって、わりと思いつきでつくられたりしちゃうんです。

哲学的には、子どもたちはちゃんと「自由」を実質化し得ているか、「自由の相互承認」の感度を育んでいるか、また政策に関しては、「一般福祉」に資する教育政策になっているか。このような観点を土台に敷くことが重要です。ちなみに「一般福祉」とは、教育政策は、ある一部の子どもたちだけの利益（自由）に資するものになってはならず、すべての子どもの利益（自由）に資するものになっていなければ正当とはいえないという原理です。

ただ、これらは非常に抽象度が高い概念ですので、それぞれの現場の目的や状況に応

*11 グニラ・ダールベリ／ピーター・モス／アラン・ペンス、浅井幸子（監訳）『「保育の質」を超えて――「評価」のオルタナティブを探る』ミネルヴァ書房、二〇二二年。

じて、心理学的に操作定義化するなどして、より具体化していく必要があります。つまり、「どういう状態だと、また、何が起こっていると、『自由が実質化された』といえるのか」「『自由の相互承認の感度が育まれている』といえるのか」といったことを、もっと具体的なワードに落とし込んでいくわけです。

この点については、仲間の研究者たちと開発した ScTN 質問紙というものがあって、そちらをぜひご参考いただけるとうれしく思います。これは「主体的・対話的で深い学びの実現状況」を測定できる質問紙で、文科省の MEXCBT を通して全国の学校で無料でご活用いただけるものなのですが、その底には「自由」「自由の相互承認」「一般福祉」の原理が組み込まれています。

大豆生田：今まで学校は、教科中心で展開されていることもあって「自由の相互承認？え、道徳の話？」となりかねません。それが日常の教育の営みの「すべての根幹である」という点については、わかりにくいかもしれないのだけれども、でも「そこが根幹なんだ」ということがとても重要なはずです。

そして、苫野さんは、「遊びは探究だ」という言い方もなさっていますが、学校教育のなかで「遊び」という表現を使われたあたりについてうかがえますか。

遊びは、学びの源流である

苫　野：教育は、すべての子どもたちが自由になるためにある。と同時に、「自由の相互承認」の感度を育むためにある。ここを土台にすると、これからの教育のあるべき姿をさまざまに思い描いていくことができると私は思っています。

「自由になるためには何が必要か」というと、与えられたことをただ与えられた通りにしていく習慣をつけることではないですよね。そんなことを続けていると、自分が何をしたいのかわからなくなったり、人に何か言われないと何もできなくなったり……それは自由とはちょっといえません。「これが楽しい」「こういうふうに生きたい」「こうやっていければ、自分は自由に幸せに生きられそうだ」……、こういったことを自ら探究できる力が、自由に生きるための根源的力であるに違いない。そう思います。そしてそれは、そもそも人間に備わっているものであって、その根源が遊びにある。遊びには、学びに必要なものがすべて揃っている。学びの一番の源流なんですよね。

本当は学びって楽しいに決まっているはずなんです。知らないことを知ることができる、できなかったことができるようになる、学びを通して人とつながることができる、それらはもともと、〝遊び〟に備わっていた本質ですよね。

何かに没入する、粘り強く人間関係をつくりながらもっと楽しいことをする、創意工夫する……。遊びと学びは連続したものです。なのに学校では、多くの場合、それらが切り分けられてしまう。はい、今は勉強の時間です、遊びは終わり、みたいに。学校が、遊びは楽しいものだけど、勉強は嫌なもの、という気持ちを芽生えさせてしまっているところがあるとすれば、とても悲しいことです。

自由保育か一斉保育か——葛藤を抱きつつ

大豆生田：幼保小の連携の在り方を考えるシンポジウムなどの際に、幼保の実践発表を受けた小学校の先生が「小学校でも休み時間の遊びを活発にしていかなければなりませんね」とおっしゃった。でも、そういう話ではないんです。「教科のなかにも遊び的な側面があり、それが学びだという話なんだ」というあたりが（多くの学校教員の方々の）腑に落ちないのは、「学び」は勉強、つまり勉めを強いることが強く根付いているという課題の現れでしょう。

ただ、幼児教育でも悩ましい部分もあるんです。「自由保育」か「一斉保育」という二分法、この二項対立のままうまくいかなかった歴史があります。自由保育は、「幼児は自由に遊ぶことが大切、遊んでいれば心も体もよく育つよね」といった考え方ですが、それは必ずしも遊びの積極的な理解にはなり得ていなかったのではないかとも思います。そのために、「のびのび遊ぶ」自由保育なのか、「一斉に集団適応させる」一斉保育なのか、という対立軸となっていた。

実は、イタリアのレッジョ・エミリア市の幼児教育の取り組み[*12]では、「遊び」って言わないんですよ。一方日本は、「遊びが学び」というような幼児教育を大事にしてきたけれども、それでもずっと葛藤はあったと僕は思います。

倉橋惣三[*13]という人もそうでした。彼は、米国でデューイ[*14]たちの教育実践を見てきました。そのなかで「プロジェクト（的取り組み）」に出合うんです。けれども倉橋が最初に

*12　**レッジョ・エミリア市の幼児教育**　一九九一年にアメリカ版『ニューズウィーク』誌に「世界で最も革新的な幼児教育施設」として取り上げられたのち世界的な注目を集めた。教育理念の象徴として、一〇〇人子どもがいれば、一〇〇通りの考え、表現方法があるという「一〇〇の言葉」を掲げており、アート活動やドキュメンテーションなどを取り入れ、子ども自らが展開したい事柄や物事を中心に、プロジェクト型の教育を行うことも大きな特徴である。現在二一世紀の教育の在り方として注目され、世界各国に広まってきており、日本にも大きな影響を与えている。

*13　**倉橋惣三**（くらはし・そうぞう）本書一四頁参照。

*14　**デューイ**（Dewey, J.: 1859-1952）アメリカの哲学者、教育思想家。机に向かって教科書で学ぶような従来型の学校教育を批判し、子どもの興味・関心を軸にした実際の作業を通して問題解決する経験中心の学習へ

思い描いていたのは、いわゆるフレーベル的な遊び[*15]。だから、そこに原点がある。人は遊びや自然のなかで、個々の良いものが最も出てくるという考え方です。プロジェクトに出合い、その魅力と疑問の葛藤に揺れ動いたのではないかと思うのです。倉橋はアメリカの新教育の実際を見て、「感服したとは言い難い」とし、「彼らは先生のプロゼクトよりも自分のプロゼクトで遊んでいる」とも述べています[*16]。つまり、プロジェクト（活動）は、大人の手の下で子どもたちが動いている（動かされている）ことにもなり得ると。

倉橋の「誘導保育論」は、子どものさながらの生活（遊び）を基盤にその延長線上にプロジェクトみたいなものを、つまり「遊び」と「プロジェクト（活動）」に分け目をつけるというよりは、自然な流れのうちにプロジェクト的になっていくというような考え方でした。だから、「遊び」と「プロジェクト（活動）」といった取り組みをどのように幼児の生活の流れの文脈から融合するかというあたりで葛藤したのではないか。当時も「のびのび遊ぶ」は理解できた。現在では、子ども主体の遊びがあるテーマ性をもち得るなかで協働的なプロジェクトになり得るということが理解されるようになってきたけれど、当時はその理解は簡単ではなかったことが推測されます。その葛藤を抱えたまま、戦後にはいわゆる「誘導」（プロジェクト的な側面）が影を潜めて、「自発性」を強調することになってしまったことが指摘されています[*17]。そこに倉橋の大きなゆれと葛藤があったのではないかと思うのです。

その倉橋の葛藤が、今、私たちの目の前にあるんです。「自由保育」「遊び」をもっと深く考えていくこと。そうしてこそ、「遊び」が本当に「探究」になっていくのではないか。

の転換を主張した。また子どもたちが協同して問題解決することを経験することで、子どもたちは共同体の精神を学び、民主的な社会生活の主体となると考えた。デューイのこのような経験主義は、新教育運動の中心的な思想として世界の学校教育に影響を与えた。

＊15 **フレーベル**（Fröbel, F. W. A.: 1782-1852）ドイツの教育者。幼稚園（Kindergarten）を創始したこともあり、「幼児教育の父」と呼ばれる。

＊16 倉橋惣三『子供讃歌（倉橋惣三文庫②）』フレーベル館、二〇〇八年、九九頁。

＊17 湯川嘉津美「倉橋惣三の人間学的教育学――誘導保育論の成立と展開」湯川嘉津美・荒川智（編著）『幼児教育・障害児教育（論集 現代日本の教育史 第三巻）』日本図書センター、二〇一三年、一九四―二一八頁。

私は子どものさながらの遊びの保育が充実するなかで、大人が意図的にというよりも、共に主体的に関わるなかで、結果的に協働的になっていくような保育の在り方が大切だと考えてきました。それは、さながらの生活（遊び）における自己充実を基盤とした協働的な学びや文化的な実践が生まれてくるという意味では、レッジョ・エミリアのプロジェクト的な保育とも違う、日本的な独自性だと思うのです。

「遊びが学び」。遊びか学びか、自由か一斉か、その二項対立を乗り越え、個々の子ども主体の遊びの文脈のなかで協働性や文化的実践が生まれてくるあたりに、幼児教育が一つ大きな特徴を生み出してきたと思うのです。苫野さんがおっしゃっている話と全部つながると私は考えています。

「評価」がもたらす弊害——カリキュラム再考

苫　野：私自身にとっては、学びは最高の遊びです。哲学している時が一番楽しいんです。勉強しているというよりは、遊んでいる感じなんですよね。学びが究極の遊びになっている。理想的な言い方に聞こえるかもしれませんが、でもどんな子どもにとっても充分に可能なことだと私は思います。それをなぜできないかというと、一つには「評価・評定」というものが入ってくるからですね。ルーブリック評価[*18]も含めて。

つまり、（達成すべきことが）あらかじめ決められていて、こうなれるようにしなさいというような。それではなにも楽しくない。学びをつまらないものにしてしまっているのは評価者であり、教師の側なのだという意識はとても大事でしょう。

＊18　ルーブリック　学習到達度を判断するために、①目標の達成度をどのような観点で評価するのか、②目標達成に向けてどのレベルにまで達することを求めているのか、評価の「観点」と「尺度」を表として可視化したもの。ルーブリックを用いると、評価者による評価の偏りを少なくし、明示された評価基準によってより細かな評価をすることができるとされている。

カリキュラムや教育内容、教育方法なども、もう一度「自由と自由の相互承認」というところから全部見直したほうがいいと私は思っています。「より自由に生きていくための学びができてるぞ」と思えるようなカリキュラムを、どうつくっていけるか。「相互承認の感度が育まれたな」と振り返って実感できるような学校生活やカリキュラムは、どのようなものなのか。

大豆生田：カリキュラムに関していうと、幼児教育でいえば、形骸化している実態もあります。これまで、教育目標なども昔ながらの「元気で、明るく、仲良く」など本当にその目標でよいのか問い直されずにきた実態もあるのです。そもそも、「何のために、何を大事にしているか」という議論があまりなかったのです。そして、子どもたちにやらせる活動、育ってほしいことが列記されているだけというカリキュラムも少なくありませんでした。だから、具体的な計画も例年通りの書き写しという実態もあった。

そもそもカリキュラムで自分たちは何を大事にしたいのか、その具現化のために必要なものは何かという議論があまりなされてなかった。だから、「子どもの主体性は大事だ」と言っている人たちも、「遊びが大事だ」というに過ぎなかったという〝落とし穴〟もあったかと思えます。もちろん、いまは変わり始めていますが。

苫　野：やっぱり底が抜けてしまっているんですね、教育も保育も。

大豆生田：学校も保育の現場も、カリキュラムの見直しはエネルギーを要する取り組みです。ですから、最初から全部でなくても、職員間で、こういうこと大事だよねというところから、保育現場でも少しずつ動き始めています。

小学校以降の場ではカリキュラムという概念がありましたが、保育・幼児教育の場では弱かった。「子どもは遊びのなかで学ぶ」のだからと、子どもの主体性を尊重する園ほど「ウチにはカリキュラムは要りません」などという。カリキュラムとは本来はそういう意味ではない。学びの履歴の総体です。つまりそういう人たちは、「カリキュラムとは、〝させなければならないこと〟の総体」というように思っていたんです。

対話の文化——職員間の対話をいかに保障するか

大豆生田：一方、職員間の対話をいかに保障していくかということも、大きなテーマかなと思いますが。

苫　野：保育の現場のほうが、小・中学校などの現場よりも圧倒的に対話の機会が多いのではないかと思っていますが、どうでしょう?

大豆生田：そうですね……。今、保育の現場では、「子どもと離れる時間＝ノンコンタクトタイム」という言い方を業界的にはしていますけれど、つまり子どもと離れる時間がほとんどないという点が最大の課題となっています。保育園の場合、子どもたちは園内におおよそ一一時間いることもありますので、先生たちが保育を振り返る、子どもと離れてさまざまな準備をするという時間がとりにくいのです。

苫　野：そうなんですね。幼稚園はどうなのでしょう?

大豆生田：幼稚園の場合でも、いま、認定こども園になるところや、〝保育園化〟も進んでいますから似たような実態かもしれません。昔ながらのあまり長時間の預かりはしないという園であれば別かもしれませんが。

業界を挙げて組織のマネジメント……、いかに時間を創出していくかという点が問われています。短い時間であっても対話や振り返りの時間をいかに確保していくかということが、大きなテーマです。

苫　野：私も、多くの保育園・幼稚園、小中高校とさまざまな形で園づくり、学校づくりをご一緒していますが、大きな確信を抱いているのは、対話の文化の必要性です。「この学校はいいな」と思う学校は、例外なく対話の文化があります。一方、この学校は子どもたちも先生たちもちょっとしんどそうだなと思うところは、例外なく対話の文化がないんです。

それで、いつも「一に対話、二に対話、三、四がなくて五に対話」と言っているのですが、そのためには意図的にそういった文化や仕組みをつくり出す必要があります。「自分たちはどのような教育、どのような保育がしたいのだろう」ということを、みんなで考え合って共通了解を見出し合うことができなければ、結局バラバラに、それぞれの信念のままに動いて、しかもその信念で対立してしまうなんてことが頻発します。

対話がなければ、ただ人間関係が悪化するだけで、「あいつはわかってない」といった話ばかりになる。あるいは自縄自縛にも陥って「こんなことをしたらあの人にこう思われるかも」とか。安心して互いに話ができないと、何かに踏み出すこともできないですよね。

でも、対話ができる安心感のなかで、しかも自分たちの一番の根っこのところを話し合うと、園や学校は確実に変わっていきます。「どんな先生でありたいのか」「どんな学校・園にしたいのか」「どんな子どもたちの姿に出会うと幸せな気分になるのか」……。

こういった根っこの対話をすれば、表面上対立しているように見える先生たちも、意外に深いところでつながり合えたりするんです。お互いを一定程度信頼し合うことができれば、安心して、支え合って、保育や教育ができるはずです。そういった対話の文化なき学校は、一番の基本を外している。対話なくしてよりよい学校はつくれませんね。

これからの民主主義教育を考える――対話を通した合意形成

大豆生田：これからの民主主義教育の在り方を考えた時に、「対話」ということに改めて注目する必要がありますね。大人も子どもも対話の経験や積み重ねが足りないから、対話自体があまり対話になっていないのではないかという問いもあろうか、と。

苫　野：まさに、私たち大人に、対話を通して合意形成するという経験がなさすぎるんですね。ただのおしゃべりか、そうでなければ論破合戦か。子どもの頃から、お互いを尊重しながら、自分たちで何かを話し合って合意形成するという経験があまりないですよね。何かを決めるに際しても、安易に多数決とかジャンケンで決めたりしてしまう。

大豆生田：もう一つは、空気を読み合うゲーム。近頃の学生はずっと空気を読み合うなかで育っています。そういう状況で対話するのがものすごく難しいと思う。合意形成をいかにしていくか。これが幼児から必要ではないか。この本（『「学校」をつくり直す』）のなかでも最後のほうにいわゆるサークルタイムのような学校の取り組みが書いてありますが、大人も対話が大事。子どもの時からみんなで合意形成していくような対話の場を、いかに丁寧につくっていくか。もちろん、サークルタイムだけではなく、すべての学びがそもそも対話なわけですから、そこが極めて重要でしょう。

苫　野：幼稚園児や保育園児でもサークル対話はできますよね。

大豆生田：できます。呼び方は、ミーティング、こども会議などさまざまですが、子どもの声を聴き、対話を重視しようとする流れがあります。[*19]

苫　野：その「できる」という感覚を、ぜひ、多くの先生方・保護者、広く世間に知ってもらいたいなぁと私は思います。大人が子どもに「あれしなさい、これしなさい」と言うのではなく、「みんなどうしたい?」「あなたはどうしたい?」と問いかけていって、子どもたち自身が対話を通して合意形成していくという経験は、本当はいたるところでできるはずなのに、その機会を大人が奪ってきた。そういった機会を意識的につくっていくということが、改めて大事だと思います。

子どもの声を聴く――子どもたちへのリスペクト

大豆生田：まず、「子どもの声を聴く」。それが〈対話の原点〉か、と。僕らからすると「赤ちゃんの時からです」という話になるんです。赤ちゃんの声というのは、赤ちゃんがしゃべっている声ではなく心の声という意味です。多くの保育士さんが赤ちゃんのおむつがえの際にも赤ちゃんに「おしっこでちゃった? 気持ち悪い?」などと声をかけるのは、「あなたはどうしたい?」「どう感じている?」を聴いているのです。赤ちゃんはその呼びかけに応えたりもします。佐伯胖先生[*20]は「聴き入る」という言い方もなさっていますが、そこがすべての対話の原点でしょう。

*19　大豆生田啓友・豪田トモ『子どもが対話する保育「サークルタイム」のすすめ』小学館、二〇二二年。

*20　佐伯胖（さえき・ゆたか）本書一八頁参照。

苫　野：子どもの時に、大人や先生に自分の話を聞いてもらった経験がどれだけあるか、ちょっと振り返ってみたいと思います。人に話をたっぷり聞いてもらった経験があればこそ、私たちも人の話に耳を傾けることが自然にできるようになるんじゃないかと思います。

私の長女はかつてカトリック系の幼稚園に通っていて、担任の先生はとても素敵な方でした。子どもたちはいつだって「先生、聞いて、聞いて！　見て、見て！」ですよね。その担任の先生は、それを絶対に無下にしない。どれだけ忙しくても、「すべて必ず笑顔で聞く」。そのような保育を意識していると聞きました。そうした思いを支えていたのは、カトリックの信仰だったそうです。

子どもたちは、話を聞いてくれる先生のことが大好きですよね。子どもの話は、とりとめもなかったり、ずっと耳を傾けていると疲れることもあるけれど、でもここはやっぱり基本。聞いてもらった経験こそが、人の話に耳を傾ける姿に必ずつながると思います。

大豆生田：「子どもは未熟で、教えてあげないとわからない」という認識の根幹が変わらないと、子どもの声を本当に聴くことにはならないのでしょう。子どもを一人の人間としてみるということですね。

苫　野：二六〇〇年前のジャン＝ジャック・ルソーがすでにそう述べています。いろいろな葛藤があったとしても、就学前の保育・幼児教育の場における自由保育の伝統は、学校に比べれば圧倒的にあると思うんです。

ルソーなどの考え方は少しずつ浸透したとは思いますが、二五〇〇年以上経った今、再びルソーをこの社会に推していきたいと私は考えています。大人はすぐに「あれしなさい、これしなさい、あれするな、これするな」などと言う。けれど、そんなことばかり言い続けていたら、そのうち子どもは「息をしなさいと言われないと呼吸さえしなくなるぞ」。そうルソーは言うんですが、これって本来、教育関係者の常識でなければならないはずですよね。でもまだまだそうなっていない背景には、やはり「評価・評定」のようなものが教育の世界を支配していることが、私は一つ問題としてあるかと考えています。

対話的な響き合いの先にある文化――異年齢でこそ育まれる多様性

大豆生田：そもそも「子どもは有能な学び手である」という考え方への転換と「多様であること」という認識は、保育・教育に携わる人々のみならず社会的に極めて重要かと私は考えています。幼児教育における「遊びが学び」と考える際に、運動が好きな子もいれば、折り紙が好きな子もいるし、ものをつくったりするのが好きな子もいる。そして、遊びが子どもたちの探究につながっていく保育を見ていると、それぞれの子どもの良さが響き合う……。つまり、まねっこ、模倣が起こるということなんですよ。

その場において、先生が上手な〝仲介者〟になっている。〈育ち合い〉が起こるということがすごく大事でしょう。発達の特性のある子どもも含めて、それぞれ良さがある。そういう子たちの良さみたいなものが対話的に響き合うことで、協働的な文化的実践が起こっていく。優れた保育の実践を見ていると、個々の良さが対話を通して協働化されていくとはこういうことだと思います。

苫野さんは『「学校」をつくり直す』のなかで、「この段階ではラディカルかもしれないけど」と添えながらも、小学校以降の学校における「異年齢（クラス）」についても触れていますよね。僕は最初、「学校で異年齢（クラス）!?」と思ったけれど、最近は「そっちのほうがいい」と思うこともあります。多様であることの学びの場という点も、キーワードとして重要かと考えています。

苫　野：『「学校」をつくり直す』を出したのは二〇一九年ですが、あれから五年で、すでに異年齢学級を実現している学校や、異年齢での活動を日常的に行っている学校は、驚くほど増えました。今の保育園や幼稚園では、異年齢保育、異年齢で遊ぶ場はどれくらいなされているのでしょうか。

大豆生田：保育園の場合、異年齢保育が多いというのは、元々少ない人数の子たちが保育園で育ってきたということが背景にあります。どちらかというと幼稚園のほうに異年齢クラスが少ない。それは学校の制度や文化の影響を受けているかと思います。でも、最近は意図的に異年齢保育を行う園が増えてきています。

苫　野：私は熊本に来てショックなことがあったんです。熊本みたいな地だと、子どもたちが異年齢で、幼稚園児から小三、小四、小五ぐらいまで交じり合いながら、熊本城のあたりで崖を登ったりして遊んでいるだろうと思っていたんですが、あんまりいない。ある年、熊本には珍しく大雪が降ったことがあって、熊本城のふもとの斜面にも雪が溜まっていたものですから、娘を連れて「そり持って行くぞ〜！」と出かけたら、誰もいない。ショックでした。そもそも日常的に子どもたちが異年齢で遊んでいる姿をあまり見ない。東京から引っ越したので、地方に過度の期待を勝手に抱いていただけだとも思うのですが……。我々の時代よりもいっそう異年齢で遊ぶ子どもたちは減っているのでしょうか。

異年齢の遊びは、これもまた、自由の相互承認の感度を育むうえでの大切な経験です。お兄ちゃんやお姉ちゃんが下の子たちの面倒をみる、小さい子たちにルールを合わせて、みんなで創意工夫して新しいゲームをつくる……。そうして多様な人たちがどのようにしたら楽しめるかということを自分たちで考える。そこからまた人間関係の築き方を自ら学んでいくわけです。実に創造的にお互いを認め合おうとする。

この貴重な機会が少なくなっているのだとしたら、意識的にそういう場を保育や幼児教育の場にぜひとも用意したいと強く思っています。

実例を増やすこと、論証していくこと

大豆生田：そもそも人が育ってきた原点は、〝学校ではない〟ところにありました。地域の遊び場に異年齢集団があり、地域の方々もそこに交じっていたり、つまりはごちゃごちゃの学び合いが自然にあった。ところが、子どもの生活が学校や塾が中心となってしまったのですよね。そうしたなかで、子どもの居場所が地域からなくなっていったのだと思います。そこに大きな問題があるのだと思います。いま改めて、地域に子どもの居場所をつくるということが重要な方向性だと思います。

苫　野：まったくそうだと思います。そもそも同年齢で学年を区切るという仕組み自体が

不自然なことです。私は学校を「多様性がごちゃまぜのラーニング・センターにしていこう」と長く提言してきました。幼、保、小、中、高、大、地域、高齢者、障害者、外国人……、いろいろな人たちが当たり前のように同じ場にいて、たとえば中学生が幼稚園児に絵本の読み聞かせをしている。小学生と中学生が、地域の高齢者と一緒に何かプロジェクトをやっている。障害のあるなしに関係なく、日常的に学び合いやコミュニケーションがなされている。そういった光景が当たり前の場になっていってほしいと願っています。

大豆生田：そういった取り組みを確かなものとするために、いわば戦略について、どのように考えていますか。

苫　野：実例を増やすこと、そして、教育の本質の観点から、その良さをしっかりと論証して広げていくということかと考えています。

今、公立の学校でも少しずつ増えているんです、「ごちゃまぜのラーニング・センター」としての学校が。たとえば福島県の大熊町は、幼保小中がごちゃまぜになった学校[*21]を創設しました。地域の人も自由に出入りできるライブラリーなどがあり、教員研修センターもある。大学のサテライト機関もある。いろいろな人が自然に集まって、相互作用できるような環境をつくったんです。

こういう例が出てくると、「これ面白いかも!」という感じで少しずつ浸透するのではないか。なかには「そんなの無理」という声もあるかもしれませんが、どういう条件を整えればこういった場がうまく機能するのか、それを明らかにしていくことが、研究者の役割かと思っています。

＊21　大熊町立 学び舎 ゆめの森のウェブサイト参照。

大豆生田：「そんなこと絶対できない」というような声に対しては、具体的な取り組みの例を出しながら伝えていける先はたくさんありますよね。自治体、地域……特にローカルな地ほどできるのではないでしょうか。

苫　野：地方には問題意識をもっている人も多いんです。そういう人たちが、新たな取り組みについて具体的に知って、緩やかなネットワークになりながら地域を活性化していくことはとても大事ですよね。

たとえば長野県の伊那小学校[*22]は、動物飼育などの総合学習でとても有名な学校ですけれども、その教育に魅力を感じて、今、移住者が激増しています。もちろん、急激な変化はさまざまなハレーションも起こしてしまうので注意が必要ですが、学校の魅力化が、過疎化する地域を活性化する大きな要因になるのは間違いないですね。

大豆生田：保育の場のほうが規模としては小さい分、やりやすいことがあるかもしれませんが、「でもやっぱり小学校がね……」という話になることが多いんです。

そういう意味で言うと、「架け橋プログラム[*23]」の話は、一つの希望です。乳幼児期の、特に幼児期の「遊びが学び」というように充実した体験を経て小学校に行く。「架け橋プログラム」では五歳児と一年生が架け橋期と呼ばれるのですが、本当は一年生に限らず小学校全体に大切な話なんですよね。

優れた幼児教育の伝統は、これから小学校が向かう一つのモデルとして連動していく意味合いは非常に大きい。環境を通して行う教育という視点もそうですね。僕ら保育・幼児教育関係者が今、小学校以降の教育に強い関心をもっているのは、そういう背景があるということなんです。

＊22　**伊那小学校**　長野県の伊那市にある公立小学校。総合的な学習の先進事例として有名。ヤギやヒツジ、ニワトリなどの生き物の飼育が特に有名だが、さらに「通知表」も、固定的な時間割やチャイムもないというのが特徴的な学校。

＊23　幼保小の架け橋プログラムについては、本書四六頁参照。

施設・校種を越えた、その先に……

苫　野：保幼小の先生たち同士の対話の機会は少ないと思うのですが、ここはもっと意識的につくらなければいけませんね。

現状、「連携」を考え取り組もうとする際に、幼保が小学校に合わせていくイメージがありますが、それはおかしいですよね。教育の原点、遊びを大事にする、自主性・主体性を大事にするという意味合いをもって、今改めて「どのような園にしたい」「どのような学校にしたい」「どのように子どもたちに連続的に成長してもらいたい」「そこに自分たちはどう関わりたい」というような話を、校種を越えて取り組んでいく機会を設けなければと思います。

大豆生田：保育の業界そのものが今までは縦割りといいますか、分断していました。保育園と幼稚園、公立と私立も……。ですがこれからは、幼稚園も保育園も公立も私立も地域で一緒に取り組んでいこうという動きが起こっていて、進んでいる自治体はすでに動き始めています。

小学校に入るまでに「これやって来てね（習得してから来てね）」といった連携ではなく、「こういうこと大事だよね」というような、先ほど苫野さんがおっしゃった「根幹」の話が丁寧にできると、対話がスムーズに進むのではないでしょうか。

苫　野：教員免許更新講習が廃止となりましたよね。私も、教員の負担や講習の質、やらされ研修の問題等、さまざまな理由からずっと廃止を訴えていたんですが、あの講習で唯一よかったのは、保幼小中高特支の先生方が、みんな一堂に集まったことでした。だから私は、いつも先生方と「根っこの対話」に取り組んでいました。異なる校種の人たちが、改めて自分たちの教育観を異なる立場の人たちと話し合うというのはとても新鮮で、もう一度原点に立ち戻ることができる。短い時間でしたけれど、こういう場をもっとつくりたいと思いました。

ですが現実的には、ほとんどない。校種を越えることがそもそもないし、教科を越えることも少なかったりする。このあたりを〝ごちゃまぜ〟にして対話することが本当に重要です。その場をいかにつくり、対話の文化・仕組みをインストールしていくか。そこに、教育をよりよいものにするためのすべてがかかっていると思います。

大豆生田：保育の業界も保育関係者のなかだけでこれまで語りすぎました。私もそうです。自分たちだけで「こんな大事なことしているのに……」と、互いに傷を舐め合うようにやってきた。ですが、僕ら自身が他のジャンルや分野の人たちと、これからどうしていくかと語り合うことは他ならぬ〈対話〉です。ほかの分野から得ることも大きいだろうし、改めて「保育で大事なことは、一般の社会でも大事……」という認識が生まれるかどうか。

もう一方で、「保育学」と「教育学」は、同じところもあるけど、違いもあるのではないか。保育の取り組みは、福祉的な側面を大きく含んでいます。それはそれとしつつ、「学」としての「保育学」「教育学」それぞれの根幹について、どこかで再び議論できるとうれしく思っています。

苫野一徳先生との対談を終えて

学校、教育の転換

苫野先生は、「学びの個別化・協同化・プロジェクト化の融合」を通して、これまでの学校や教育の在り方の転換を提案されています。その視点として、教育の根幹に「すべての子どもの自由と、社会における自由の相互承認」を置くことを述べておられる。「一斉型」の教育からの転換が難しい学校教育に対して、大きな風穴を開ける視点といえるでしょう。

私自身がなぜ教育・保育をライフワークとしているかといえば、まさにこのような一人ひとりの個別性が尊重され、共にワクワクと学び合うような学校、教育に向けて変革できないかということが、子ども時代からの最大の問題意識だったからです。それもあって、苫野先生の話は非常に魅力的でした。それを、哲学を基盤にしながら主張されているのも面白い。私が対談で自分の話をうっかりしてしまったのは、苫野先生自身の生い立ちへの共感というか魅かれるものがあったからです。それは苫野先生のご著書『子どもの頃から哲学者——世界一おもしろい、哲学を使った「絶望からの脱出」!』（大和書房、二〇一六年）に記されているように、苫野先生自身の人生が私以上に子ども時代から大きな葛藤の連続のなかにあったからです。だからこそ、学校・教育の転換への苫野先生の主張が実感をもった説得力として迫ってくるのです。

「遊び」と「学び」の二項対立を乗り越える

そして、苫野先生は「遊び」と「学び」の二項対立に対してダウトをかけています。よく小学校の関係者などと話すと「遊びは大切ですよね。学校でも休み時間の充実を大切にしています」と言われます。まあ、間違ってはいないのですが。

私たちが「遊びが重要」と言っているのは「休み時間」のことではなく、それが「学び」として重要であり、それは小学校の「授業」や「教科」と同じものと位置づけているのです。それは、よく企業のエンジニアの方や研究者の方と話すとよく理解してくださいます。子どもが遊びのなかでするものづくりなどは、自分たちの仕事と同じだと話されるのです。まさに、遊びのなかのものづくり活動こそがSTEAMつまり、Science（科学）、Technology（技術）、Engineering（工学・ものづくり）、Art（芸術・リベラルアーツ）、Mathematics（数学）の総合的活動だとおっしゃいます。それは興味・関心や意欲などがベースにある楽しいものであると同時に、困難や葛藤、失敗、試行錯誤も伴うものです。そう考えていくと、「遊び」と「学び」は二項対立ではないのだと思います。幼児教育ではそれを主張してきましたが、学校教育にその視点が広がるとすれば、大きな希望につながるでしょう。

民主主義の教育

そして、苫野先生の話は民主主義としての教育につながります。工藤勇一先生との共著に『子どもたちに民主主義を教えよう——対立から合意を導く力を育む』（あさま社、二〇二二年）もありますが、ここが重要だと私も思っています。それは、対談のなかでもあったように、「対話」（dialogue）の重視なのだと思います。それは、苫野先生が言っていた、対話による「合意形成」の経験であり、他者の声に聴き入ること、聴き合うことでもあります。乳幼児期から「あなたはどうしたい」が聴かれることでもあります。映画「こどもかいぎ」（豪田トモ（企画・監督・撮影）、二〇二二年）がつくられ、私も監督の豪田トモ氏との編著で『子どもが対話する保育「サークルタイム」のすすめ』（小学館、二〇二二年）を出しました。そのなかで柴田愛子さんとの対談がありますが、「りんごの木」のミーティングなどではまさに答えのない問いにみんなで考え、共に声をあげ、思考するプロセスがあるのです。それは、自分たちのことを自分たちで決めていくプロセスでもあります。これからは、保育の場も学校の場も、民主主義の教育の場であることが大切なのだと思います。

異年齢の学び合い・育ち合い

また、苫野先生は学校における年齢ごとの学年制に対して、異年齢の学びの大切さについても触れています。最近、私はある小学校で一、二年生が合同で算数の授業を行う姿を見ました。学年問わず、個々の子どもが自分に合ったワークのプリントを選び、それをグループ内で教え合うようなスタイルでした。驚くほど子どもたちが落ち着いて取り組んでいた姿は衝撃的でした。考えてみれば、寺子屋というのはそのような異年齢の場だったのだと思います。保育の場でも、異年齢の保育の取り組みが広がりつつあります。最初は、年齢の違う子どものどこに合わせて保育をしたらよいかとの葛藤があるようですが、その問いそのものが年齢別に画一的な課題設定があるという考え方だといえるでしょう。その良さは、年齢よりも一人ひとりのその子の個性が尊重されるだけではなく、上の子たちが下の子たちの魅力的なモデルになるということもありますが、逆に、下の子たちがいることで上の子が自尊心をもてるような場面もあるなど実に大きいです。年齢別も保障されつつ、異年齢の活動も柔軟に行われるなど、多様な形が今後広がっていくことと思います。

聞き手・木村の〈視点〉

苫野 一徳×大豆生田 啓友

願うはただひとつ。〈自由と自由の相互承認〉

本対談からは少々離れるが、初めて苫野一徳先生を知ったのは、十何年も前、ふと目にしたネット上の動画だった。中高生・大学生たちを前に、ご自身がかつて生きづらさを抱えていたこと、「哲学」と出合ったことで救われたこと、なかでもヘーゲルの「自由と自由の相互承認」という考え方や概念こそが、人が人として、人同士が互いに共に生き合っていくことができる……と深く納得し“今ココに在る”ということを語っておられた。「こんなにも喜びと共に哲学を語る」方を初めて拝見し、そのご様子に心動かされた感覚は今も忘れ難い。

今や全国で“不登校”とカウントされる小・中学生の数はうなぎ登りとなり総数30万人を超えている。断続的な不登校状態をも考え合わせると、30万余人では済まない数の小・中学生が学校に「No！」を突きつけていることになる。本対談で、苫野先生は150年前につくられた学校システムについて言及し、同質性が高い学校環境であらかじめ定められた問いの答えを勉強する……といった、多くの学校が孕んでいる現状から、子どもたち自身の「自由と自由の相互承認」について語っておられる。さらには、「遊び」についても。自ら探究する力の根源は遊びに在る。遊びには学びに必要なものがすべて揃っている、と。

果たして学校に児童生徒の自由はあるか。児童生徒相互の、児童生徒と教師との、自由の相互承認はあるか。改めて問われた時、誰しも狼狽えはしないか。果たして、“学校文化”において子どもの自由を認め、子ども同士、子どもと教員、教員同士の自由の相互承認は保障されているのだろうか。

そして対談は、「対話」の大切さについて進んでいく。大豆生田先生は、「子どもの声を聴く」こと、それは当然「赤ちゃんの時からです」と断言される。心の声をいかに聴き取ることができるか。それは心ある保育現場では日々丁寧に実践されていることであろう。

さらに、施設・校種を越えた“学び舎”の在り方に言及されていく。取り組みの例として、保育所・幼稚園・公立私立……の別に留まらず、保幼小中まで共に在る学舎の紹介もなされていく。

果たして、真の「自由」が意味するところ、「自由の相互承認」とは何か。そこからどのような人間観がもたらされるか。苫野先生が語る「対話を通した合意形成」については、残念ながら十全には至っていない現実があるが、であればいっそ対談内で語られた「意図的にそういった（対話の）文化や仕組みをつくり出す必要」を念頭に、子どもの育ち・学びに関わる誰もが既存のあらゆる仕組みを新たな目で見直し、考え、丁寧な対話をもって共に取り組み合っていきたいと願うばかりである。

山口 慎太郎

大豆生田 啓友

4

子育て、保育・教育を「経済学」から考える

経済政策と子ども・子育ての関係

山口 慎太郎 Yamaguchi Shintaro

東京大学大学院経済学研究科教授。専門は、労働経済学。

アメリカ・ウィスコンシン大学経済学博士号（Ph.D.）取得。カナダ・マクマスター大学助教授、准教授、東京大学准教授を経て、現在。

主著 『「家族の幸せ」の経済学』（単著、光文社、2019年）、『子育て支援の経済学』（単著、日本評論社、2021年）など。

＼ この章の1冊 ／

山口 慎太郎

『子育て支援の経済学』

日本評論社、2021年

いま日本に必要なのは、次世代への投資＝子育て支援！

子育て支援のための政策を、私たちの「将来、未来への投資」と位置づけ、「少子化対策」「幼児教育」「母親就業支援」の３つを主なテーマに、経済学の理論とデータによる分析から得られた知見をわかりやすく解説！ 科学的根拠（エビデンス）に基づき、効果的な政策を見極め、よりよい社会を創るための展望を描く。「第64回日経・経済図書文化賞」受賞。

大豆生田：ご専門である経済学において、なぜ子育てや保育のことを取り上げられたのでしょうか。

山　口：もともとは、日本経済を今後成長させていくヒントを得るうえで、どの部分の研究に力を入れていく必要があるだろうかと考えた際に、真っ先に労働市場における女性の活躍推進だろうと思いました。

当時、私はアメリカやカナダにいて、女性の活躍の度合いが日本とは目に見えて違っていたため、この部分に成長余地があるだろう、と。そこで、育休や保育制度の在り方で、女性がどれぐらい就業しやすくなるかというのが最初の観点だったのですが、そこから続けて保育について研究を重ねているうちに気がついたんです。

経済政策⇓子どもたちの発達への影響――社会全体への影響

山　口：現在の保育制度を考えた時の当事者つまり政策に携わっていた人たちは「母親」をイメージしたのでしょうけれど、重要なのは「子ども」なんですよね。つまり、子どもに対する影響が、あまりにも日本の政策形成の現場では語られなさすぎている。

もちろん、厚生労働省（以下、厚労省）や保育現場に近い方は意識していらっしゃいますが、今後の日本の政策で保育関係の予算をどれぐらい割り当てようかといっている人たちの念頭にあるのは、母親の就業がせいぜいで、子どもにどのような発達上の影響が及ぶのかという点は、ほとんど語られていない。また、そこから社会全体に広がる影響にいたっては、ほとんど議論されていなかった。

そこで、子どもについての効果、またその影響がどのように社会に伝わっていくのか、そういった点を見ていこうというのが出発点でした。

少子化の実際……

大豆生田：今、国自体が、大きな過渡期にあるかと感じます。今後、少子化が一気に進んでいくのかどうか。社会全体がコロナ禍にあったからという理解もあるのかもしれませんが、コロナ禍によって、ほかの先進国も同じように出生率が下がっているのでしょうか。

山　口：コロナ禍で日本の出生率は極端に下がりましたが、そもそも出生率低下傾向はずっと続いていたわけです。そして今回のコロナ禍の状況を受け、産み控えというのでしょうか、タイミングをずらしているだけで後に増えるかもしれません。

実際、日本以外の先進国では、出生率が戻っているという報告もありますので[*1]、必ずしも悲観しなくていいのかもしれませんが、長期的傾向としては下降傾向にありますし、出生率の水準自体もかなり低いものになってしまっています。すでに一定の対策は打たれ始めてはいますが、引き続き、出生率が上がるような政策が必要だろうと思います。

なぜ、日本の出生率は低いのか。やはり子育てに対する不安や負担感がかなり大きくなってしまっている点が主たる要因ではないかと思いますね。子どもをもつ経済的な負担と同時に、親からすれば、子どもを一人授かることは生活の大きな変化になりますから、不安も大きいかと感じています。

＊1　Sobotka, T., Zeman, K., Jasilioniene, A., Winkler-Dworak, M., Brzozowska, Z., Alustiza-Galarza, A., Németh, L., & Jdanov, D. (2023). Pandemic roller-coaster? Birth trends in higher-income countries during the COVID-19 pandemic. *Population and development review*, **50**(1), 23-58.

子育て時の孤立感——社会全体で育てていく発想

大豆生田：今の日本社会においては、子育てをすることで孤立感を感じざるを得ないことがさまざまあります。多くの人が「子育ては親である私の責任」と思い込み、加えて周囲のまなざしの冷たさもあるので、子どもをもつこと自体にリスクが高かったり、負担感があったりするような社会状況においては子どもが増えるはずはないという社会になってしまっているんです。

山　口：子どもをもつことに対するハードルがものすごく高くなってしまっているという感じはしますね。

　私の息子はカナダで生まれ、幼稚園の間はカナダで育ち、その後、家族で東京に帰ってきたんですが、カナダでは子ども連れで街に出ると、それだけで祝福される、褒められるみたいなポジティブな空気があるんですね。いろんな方が子どもに笑顔で話しかけてきてくださって。男性も女性も、話しかけてくれる。

　子どもがぐずったり癇癪起こしたりして泣き叫ぶことも当然あるわけです。親としては困って、子どもを抱えて駐車場の自分の車に駆け戻るということもあるんですが、そういう時の周りの人の手助けが素晴らしいんです。

　ある家電量販店に行った時、息子が「帰りたい〜!」「ワーッ」となったことがありました。「仕方がない……、帰ろう」と思って息子を抱えて出口に向かったら、そのお店のスタッフが走ってやってきて、プロモーションに使うぬいぐるみを息子に持たせて泣き止ませてくれたことがありました。社会全体で子どもを育てる、子どもは社会に祝福されるべきだという考え方（空気）が徹底して共有されていましたね。

「Nobody's Perfect」

大豆生田：日本の、地域子育て支援の重要なモデル（の一つ）はカナダでした。カナダの「Nobody's Perfect（ノーバディズ・パーフェクト）」[*2]は、親教育（親が育つ道筋）のプログラム名でもあるけれども、メッセージでもあります。私の妻で臨床心理士でもある大豆生田千夏は、ひろばなどでのNPプログラムに取り組んできました。日本の「子育てひろば」[*3]なども、カナダをモデルにして子育ての当事者たちが始め、それが広がりました。厚労省もそこにお金はかけたはずだし、子育て支援センターもたくさんつくったけれど、〝多様な人たちでお互い支え合おう〟という風土にはならなかった。今の日本の大きな課題ではないかと思います。

山　口：子育てに限りませんが、日本では、人に迷惑をかけてはいけないという姿勢が、ものすごく重視されていると思います。一方で、伝聞なのですが、インドでは、人は迷惑をかけるものだからお互い様だというような考え方だ、と。この〝お互い様〟の考え方がもっと取り入れられてもいいんじゃないかと思います。人に頼ること、時に迷惑をかけてしまうことは決して悪いことではない。人間ですからNobody's Perfectですよ。自分も許してもらうけど、ほかの人が何か迷惑かけてきたとしても気にしないで、と構えられるような鷹揚さが欲しいと思いますね。

＊2　Nobody's Perfect（ノーバディズ・パーフェクト）　カナダでは、「予防に一ドルをかけ惜しめば、七ドルの付けが回る」との試算のもと、多様な子育て支援が行われてきた。Nobody's Perfectも、そうしたなかで一九八〇年代はじめにカナダ保健省と西部四州の保健部局との協力によって開発され、一九八七年にはカナダ全土に導入された。「完璧な人はいない、完璧な親も完璧な子どももいない」というメッセージが込められている同プログラムでは、〇〜五歳の子どもをもつ親を対象に、お互いの体験や不安を話し合いながら（必要に応じてテキストを参照する）、自分に合った子育ての仕方を学んでいく。
　詳細については、「Nobody's Perfect Japan」のウェブサイトも参照。

＊3　子育てひろば　「子育て親子の交流の場の提供と交流の

大豆生田：そう考えると、今の日本は、たぶん、大きな意識改革が迫られているんです。そもそも子どもを大事にするという社会を本気でつくれるかどうか。「こども家庭庁」がスタートしたこととも関わりますが、子ども・子育てに社会全体が温かいまなざしを注げるかがたいへんに大きなテーマだと考えています。

山　口：ただ、私が海外に出る前……、二〇年以上前から比べると、特にここ一〇年ぐらいは、日本社会は、子育てに対して応援するような空気になってきているなという感じはします。

電車にベビーカーで乗ることに対して、みんな意外と受け入れているというシーンも目にしますが、一〇年前だったら考えられなかったでしょう。方向自体は良くなっているし、そういう考え方が受け入れられつつあるので、この方向にどんどん進んで行ってくれるといいなと思いますね。

現金給付と現物給付

大豆生田：「現金給付」と「現物給付」についてうかがいます。現実的には多くの場で「現金給付は出生率の向上につながらない」とは〝思われていない〟……つまり「現金給付は出生率の向上につながる」と思われているのではないでしょうか。

山　口：確かに、お金であげようが、物であげようが一緒じゃないかと思われがちです。ですが、「現金給付」の場合に何が起こるかというと、必ずしも子どもの数を増やすような形にお金を使うのではなく、すでにいる子どもの教育を充実させるような形にし

促進」や「子育て等に関する相談、援助の実施」「地域の子育て関連情報の提供」さらに「子育て及び子育て支援に関する講習等の実施」などを中心に地域で子育てを支援する場。一九九五年度から主に保育所等に併設されてきた「地域子育て支援センター事業」と、二〇〇二年度から主に子育て当事者によるNPO等が運営主体となり発展してきた「つどいの広場事業」が再編・統合して、二〇〇七年に、国の事業として「地域子育て支援拠点事業」が創設され、二〇二二年度現在で全国約八〇〇〇か所で実施されている。

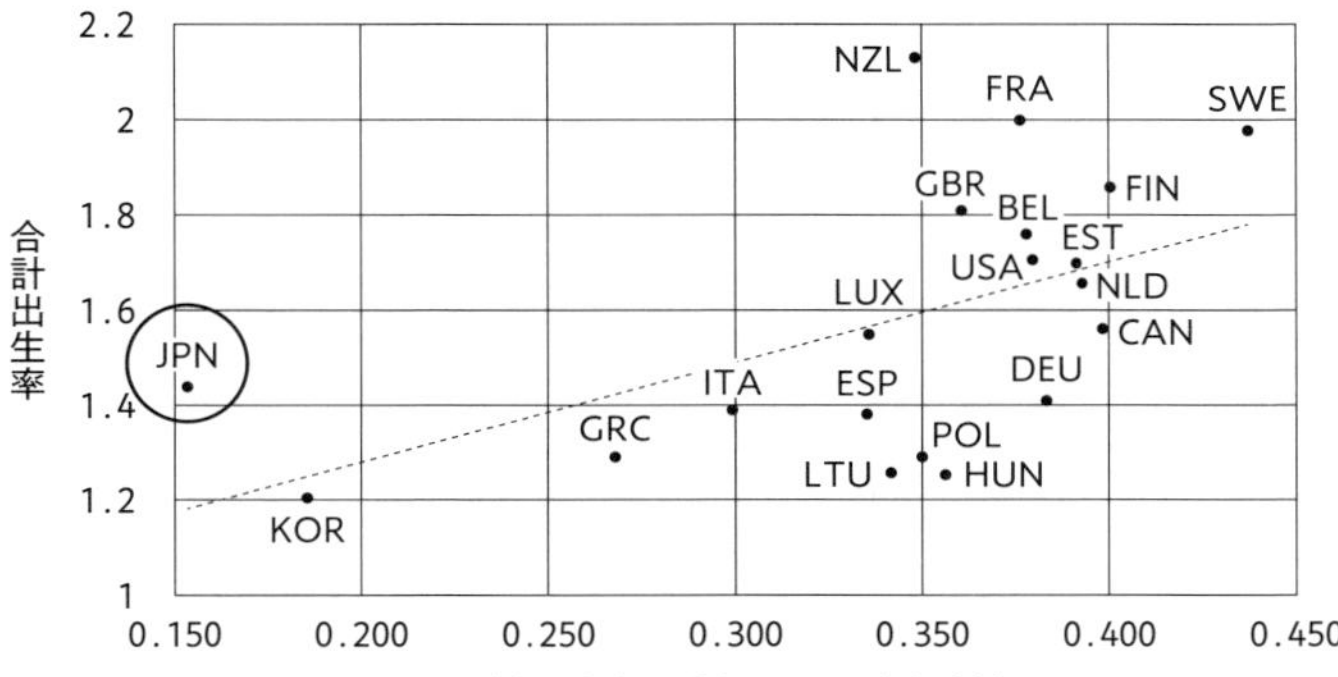

図1　男性の家事・育児負担と出生率（2010-2019）

注：男性の家事・育児などの負担割合は、無償労働時間の男性平均と女性平均の和に占める男性平均の割合と定義。調査年が国によって異なるが、無償労働時間と合計出生率の対象期間を国ごとに一致させている。高所得国のみを対象。
出所：OECD Gender Data Portal 2021, The World Bank Open Data より作成（山口慎太郎）。

てしまう。そうすると、一人あたりにかけるお金の相場が上がってしまう。一人当たりにかかるお金の相場が上がるということは、二人目をもつ時にも同じぐらいかけなければという形になり、なかなか子どもの数に跳ね返ってこないという点がまず一つ。

もう一つは日本に特徴的な話ですが、家事や育児についての夫婦間での時間比率。日本人男性だと一五％しか時間を費やしていない（図1参照）。スウェーデンでも四五％（半数以下）ですから、世界全体で見るとやはり女性のほうが男性よりも家事育児に時間を使っているんですが、日本の状況っていうのは極端なんです。

もちろん、日本の男性が働き者ではないというわけではありません。労働時間全体で見ると男女差は小さいんですが、日本の特徴としては、性別役割分業がだいぶはっきりしてしまっている。するとどうなるかというと、母親側に子育ての負担感が集中する。この状況で、児童手当のような形でお金が入ってきても、母親側の負担はまったく減らない。

ところが、「保育」というサポート・サービスを提供（支給）すると、母親側の負担が一気に軽くなる。自分の負担が軽くなったら、母親のほうも子どもをもう一人授かってもいいかなと思うかもしれない。

そういった支援がない状況で、日本の男性が一五％しか家事・育児をしないという状況だと、今ですらこんなに大変なのに、もう一人もったらもっと大変になると考え、前向きになれない。この部分を変えることができるのは、お金ではなく、「保育」という子育て支援なんです。

世界最高の育休制度 vs 現実的な働き方

大豆生田：確かに女性の負担の問題は大きい。一方で、国も男性の働き方改革や、育児休暇取得を進めているとは思うんですけど、うまく機能していません。

山　口：育児休暇制度については、男性が取得できる育休の長さや受け取ることができる給付金の額面で比較すると、日本は、世界最高の制度をもっているとユニセフに認定されているんです。

ところが育児休暇取得率という実態で見ると、世界最下位ではないとしてもかなり下方になってしまうという現実があります。ですが法改正が進んで、二〇二二年四月から、企業側から「育休を取りますか？」と持ちかけて、社員のみなさんがイエス・ノーで答えるというような形になったので[*4]、これでまた変わっていくのではないかという期待感があります。

大豆生田：関係者は、これは大きな改革だと期待が大きいのですが、実際に動きそうでしょうか。

山　口：ここ数年の育児休業取得率を見ていると、急速に伸びてきています。中央省庁での取得率も上がっていますので、この流れはもう止まらないでしょう。やや時間はかかるかもしれないけど、楽観的に見ています。

大豆生田：その一方、男性のその働き方、男性というよりも男女両方かもしれませんけど、働き方そのものは、大きく変わっていない。そこが変わらないと、育休が取れたとしても、全体は改革できないのではないでしょうか。

山　口：そうです。働き方改革を行わないと、日本の抱える問題、さまざまなものが解決されません。

その第一歩として、男性の育休はいいターゲットになっていると思います。ある男性が一か月の育休を取得するとその職場で一か月の間、その人が抜けてしまう。となると、仕事のやり方そのものを変える必要が表出する。

たとえば、「大豆生田先生じゃないと、この仕事は回らないんですから休まないでください！」というようなことはできない。すると、別の人でも同じ仕事ができるように段取りが変わっていく。男性が育休を取るというきっかけで、働き方が変わっていく。働き方が変わると、男性だけではなく、女性も働きやすくなる。

＊4　二〇二一年六月に「育児休業、介護休業等育児又は家族介護を行う労働者の福祉に関する法律」等が改正され（令和三年法律第五八号）、二〇二二年四月から三段階で施行されることになった。詳細は次のＱＲコード参照。

なお、その後も法改正は進められ、二〇二三年、二〇二四年にも改正されている。育児休業等の最新の情報は厚生労働省のウェブサイト内「育児・介護休業法について」参照。

そうなってくると、女性でさらに職場で活躍する人も増えてくると思いますし、また、子どもがいない人たちにとっても、介護や自身の闘病、あるいは趣味に徹底的に時間を使いたい……。そういう人たちにも同じ〝働き方のルール〟が適用されていくわけですから、男性育休のような子育て支援を端緒として、〝誰にとっても働きやすい社会〟になっていくというのが理想であるし、そういう方向に十分進めるのではないかと考えています。

「育休一か月」が及ぼすその人の人生への影響

大豆生田：育休を子育てや家事に当てて、自分自身を子育てしていく当事者と思えた人たちは、その後のライフスタイルに変化があるだろうと思えるんです。実際、そういうお父さんたちに関わるなかで痛感します。

山　口：男性が育休一か月取得したら、長期間の部類に入るでしょう。ところが、「たった一か月で何ができるの?」という懐疑的な声は、会社側のみならず母親側からも出ます。「一か月だけ手伝ってもらっても意味ない」というような否定的な形で言われてしまう。

ですが非常に興味深いことに、さまざまな研究が、男性の育休一か月取得は、その人のライフスタイルから人生までを変える一か月になり得るということを示しています。たとえば、カナダ・ケベック州での研究結果を例に挙げましょう。[*5] 育休改革でカナダ人男性の育休の期間と取得率が大幅に伸びました。そこから三年後、だいぶ時間が経って

＊5 Patnaik, A. (2019). Reserving time for daddy: The consequences of fathers' quotas. *Journal of Labor Economics*, **37** (4), 1009-1059.

から、育児時間や家事時間が二〇％近く伸びているんです。

最初は不思議な結果に見えたんですが、実は理解するきっかけになるのは脳科学の研究です。「オキシトシン」という愛情ホルモンとも呼ばれるホルモンが、女性は出産や授乳で出てくる。そして男性も、子育てをしているとオキシトシンが出てくるという研究結果があるんです。[*6]

育休という形で、とりあえず子育てに飛び込んでみる。よくわからないまま、やらされている感もありつつ、とりあえず取り組んだ。するとオキシトシンが出てきて……、子どもが可愛くなる。可愛く思って、もっと子育てのための時間を使いたくなる。すると、さらにオキシトシンが出てくるというような、良いサイクルが回り始める。

その結果、三年後、育児時間全体が長くなっていくということが起こっていると思います。これは私自身個人的にとても納得感があります。男性のみなさんが育児に携わらないということは、子育てせずに楽をしているのではなく、大きな幸せをみすみす逃してしまっているということをお伝えしたいですね。

大豆生田：「少子化対策の鍵はジェンダー平等」と、ご著書『子育て支援の経済学』に書いておられますよね。

小さな社会（保育園）のなかで育つ意義

山　口：私たちは、「保育園の利用が二歳半の頃にどれぐらい子どもの発達に影響するのか、また、母親に影響するのか」について、日本のデータで研究をしました。[*7]

＊6　Abraham, E., Hendler, T., Shapira-Lichter, I., Kanat-Maymon, Y., Zagoory-Sharon, O., & Feldman, R. (2014). Father's brain is sensitive to childcare experiences. *Proceedings of the National Academy of Sciences*, **111**(27), 9792-9797.
　脳と子育ての関係（親性脳）については、本書一一四―一一八頁も参照。

＊7　Yamaguchi, S., Asai, Y., & Kambayashi, R. (2018). How does early childcare enrollment affect children, parents, and their interactions? *Labour Economics*, **55**, 56-71.

その結果、保育園を使った子どもたちは、多動性・攻撃性が顕著に減少したことがわかりました。この傾向は、社会経済的に恵まれてないご家庭の子どもたちに非常に強く出ていました。同時に、母親にも良い影響があった。母親が子育てで感じる負担感が有意に減り、子育ての質も改善された。

私たちの研究で用いた「子育ての質」とは、具体的には子どもを叩いたりするかしないかという部分で説明がされますが、少なくとも体罰のようなことをしなくなったというようなことがわかっています。したがって、家庭（のみ）で育てる場合に比べると、保育園を活用することは子どもの発達にもプラスだし、母親の幸福感や、ストレス軽減、また、しつけの質も上がり、言葉の発達も早くなるというような結果を得ました。

大豆生田：保育の場で、いわゆる多動的、乱暴というような傾向のあるお子さんについては、もともとの特性と思われがちだけれども、近くにいる大人の関わりがいかに保障されるかによって大きく違ってくるということでもあるわけですよね。

山　口：生まれつきの性格もあるでしょうけれど、かなりの部分が環境による。周囲の大人やほかの子どもたちとの関わりによって影響を受ける部分があるわけです。

家庭で育てる場合には、仕事や経済的な余裕の問題があって保護者が必ずしも十分な子育てができないということも、当然あるでしょう。子どもを保育園に預けた場合、プロフェッショナルな保育士さんのもとで、ほかの子どもたちと一緒に生活することで自然と社会的な関わりやルールなども学ぶことにもなります。やはり保育士の役割は大きいと感じました。

大豆生田：かつては「三歳までは母の手で（三歳児神話）」[*8]という考え方もあり、家庭にい

＊8　**三歳児神話**　子どもが三歳になるまでは母親は子育てに専念すべきであり、そうしないと成長に悪影響を及ぼすという考え方。『厚生白書（平成一〇年版）』において、「三歳児神話には、少なくとも合理的な根拠は認められない」という見解が示され注目を集めた。

る時間が多いほうが子どもにとって良いかのようにいわれてきました。今もそういった発想が残っているかとも思いますが、年齢的に「〇歳」「一歳」であっても、実は、そういう場（保育を受ける場）があることが大事である、と。

山　口：おっしゃるとおりです。日本のデータに限らず、世界中のかなり多くの国々で確認されていることなので、安心できる結果だと思います。子どもが育つ環境の側にいるのは、母親じゃなくても大丈夫ですよということですね。

群れ～集団の場の大切さ

大豆生田：日本のなかでも「子育ての社会化」ということで、子どもは親だけが育てるのではなく、社会で育てるのだということは「子ども・子育て支援制度」においても、大きく明記されたはずなのですが、なかなかその意識は十分に伝わっていません。

本来、子どもは群れのなかで育ってきた。「共同養育」ですね。「人間」（ヒト）の人間たる特徴から考えても、保育園という群れの場が大事だという点は理にかなっていると思います。

山　口：いつから集団のなかで生活（成長）していくといいのかという正確な時期までは、私の知る範囲ではよくわからないのですが、三歳だと遅いという点は多くの国で結果が出ています。

私たちの研究のケースでも、二歳半で保育園に入園している子どもたちのほうが、それ以降で入園する子どもたちより発達的によいという結果もありますが、[*9]そのほかに、

*9　Yamaguchi, S., Asai, Y., & Kambayashi, R. (2018). How does early childcare enrollment affect children, parents, and their interactions? *Labour Economics*, 55, 56-71.

たとえばフランスでは、三年間育休を取れるようにしたのですが、その結果、三歳まで家で育てる家庭が増えました。すると、子どもの言語発達がかなり遅れたという研究結果[*10]が報告されています。三歳児神話で考えられていた時期よりかなり早く、子どもを群れのなかに解き放ったほうが良いのではないかと思います。

保育の「質」考

大豆生田：その時に、何を「質」とするか。〇・一歳から預けていくことはむしろ悪くないのだという言い方もあったりするわけですけれども、必ずセットとして考えたい点は、「良質な保育であれば」ということ。経済学的視点から、「良質な保育」について何か知見はありますでしょうか。

山　口：経済学の分野でなされている理解としては、「保育者と子どもの一対一の時間が一定程度確保されていること」だと聞いています。

大豆生田：個々の子どもに対して保育士がいかに手厚く関わることができているかということは、間違いなく「質」そのものの一端でしょう。

山　口：大豆生田先生方のご専門では「(保育の)質」はどうやって測るんですか?

大豆生田：OECDが整理した、保育の質の六つの側面が参考になると思います(図2)[*11]。

また、私たちが三年間を費やした科研費の研究では、荒牧さんが中心になって、五歳児クラスの主体性や協同性の高さという点が、保育の豊かさとどうつながっているか、園長のマネジメントとの関係性ということを園長を対象に調査しました。子どもの主体

＊10　Canaan, S. (2022). Parental leave, household specialization and children's well-being. *Labour Economics*, **75**.

＊11　図2は、野澤(二〇一八)が OECD (2006) および淀川・秋田(二〇一六)を元に作成した図を一部改変した。

野澤祥子「保育の質とその確保・向上のために」(厚生労働省「保育所等における保育の質の確保・向上に関する検討会(第1回)」の資料2―3)二〇一八年。

OECD (2006). *Starting Strong II: Early Childhood Education and Care*. OECD (OECD(編)、星三和子・首藤美香子・大和洋子・一見真理子(訳)『OECD保育白書――人生の始まりこそ力強く:乳幼児期の教育とケア(ECEC)の国際比較』明石書店、二〇一一年。)

淀川裕美・秋田喜代美「代表的な保育の質評価スケールの紹介と整理」イラム・シラージ/デニス・キングストン/エドワード・メルウィッシュ、秋田喜

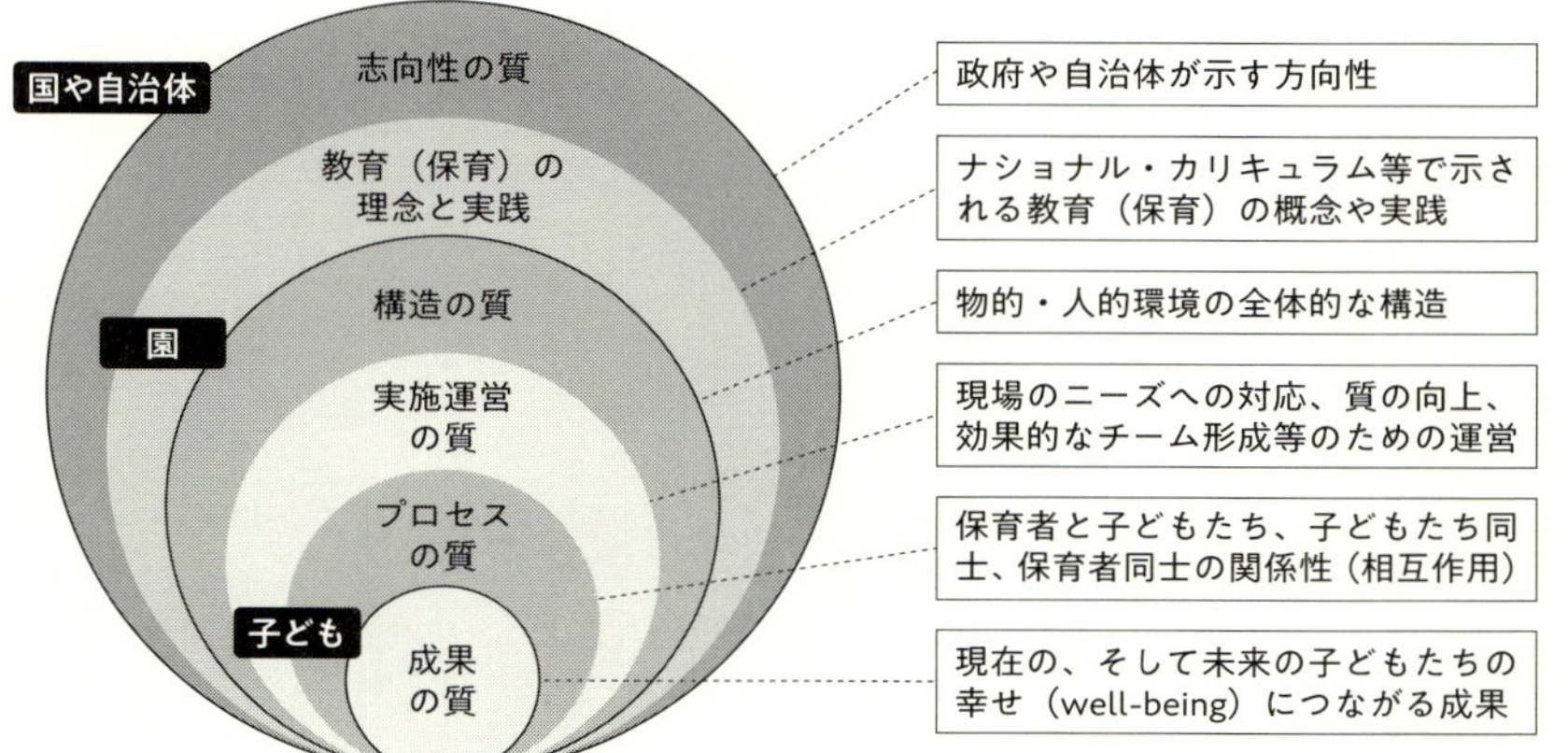

図２　保育の多層的システムモデル

出所：野澤（2018）より一部改変。

性や協同性を重視する保育と質との相関がある程度見出されています。[*12]

「保育の質」をいかに測るか

山口：「（保育の）質」を測るとしたら、専門家が教育（保育）現場で教室（保育室）に行って採点するような感じなんですか？

大豆生田：イギリスの評価基準「ECERS」[*13]では、一定程度の評価指標があり、それも一つの評価かと思っています。ただ、国による文化的・歴史的・社会的な違いも考えると、限界もあるかと思っています。一方、いま、国立教育研究所がプロセスの質の客観的な質評価の指標を開発されていますが、[*14]今後、その活用が期待されます。

また、客観的な指標とは別に、現場では、保育の質を高めていくためには

代美・淀川裕美（訳）『「保育プロセスの質」評価スケール』明石書店、二〇一六年、八四―一〇〇頁参照。

＊12　荒牧美佐子・大豆生田啓友・松永静子「保育における『協同的な学び』の背景要因及び保育の豊かさとの関連」『保育学研究』第六〇巻第一号、二〇二二年、一二五―一三五頁。

＊13　ECERS（Early Childhood Environment Rating Scale）アメリカで開発された三歳以上の集団保育の質を測定する尺度で、二〇一四年に第三版（Third Edition: ECERS-3）が刊行され、二〇一六年に翻訳されている。テルマ・ハームス／リチャード・M．クリフォード／デビィ・クレア、埋橋玲子（訳）『新・保育環境評価スケール①〈三歳以上〉』法律文化社、二〇一六年。

＊14　国立教育政策研究所幼児教育研究センター「幼児教育におけるプロセスの質に関する研究」（幼児期からの育ち・学びとプロセスの質に関する研究

客観的指標ではなく、子どもの姿や保育の振り返り（省察）や対話のプロセスを通して質を高めていくサイクルが重視されています。チェックリスト型だけではない自己評価の在り方です。厚生労働省の「保育の質」に関する検討会[*15]では、そこを重視してきました。

「保育の質」を高めていくという時に、ＥＣＥＲＳのように指標をもとに考えていく側面と、もう一つは、園でそれをいかに高めていく仕組みになっているか。今後、その両側面をどう組み合わせていくかも大切な視点となると思います。

山　口：我々（経済学者）は、研究の取り組みとしてデータを用いるため、かなり多くの幼稚園・保育園についてデータを取る必要があります。すると、定量的なデータ分析に、質まで視野に入れて分析することはとても難しい。我々が活用できる指標としては、「先生一人当たり子どもは何人か」、また、「子ども一人に先生一人が関わることができる時間（の長さ）」などといった形で取り組むため、今後、「保育の質」の測り方について合意が取れ、かつ、スムーズにデータが取れるようになってきたら、また新しい研究のプロセスが出てくるかもしれません。その点を楽しみにしています。

ヘックマンの経済学――我々が目指す社会像

大豆生田：一方、保育業界のなかでヘックマン[*16]の影響は大きく、乳幼児期への、保育の質的なことも含めた投資が、その後も含めて重要であるという考え方は相当広まってきました。

〈報告書 第二巻〉二〇二三年。

＊15　厚生労働省「保育所等における保育の質の確保・向上に関する検討会」。二〇一八〜二〇二〇年まで計一〇回の検討が行われ、二〇二〇年六月に「議論のとりまとめ」を公表している。

＊16　ヘックマン（Heckman, J. J.: 1944‐）アメリカ合衆国の経済学者。二〇〇〇年に労働経済学の計量経済学的な分析を精緻化したことでノーベル経済学賞を受賞。『幼児教育の経済学』（古草秀子（訳）、東洋経済新報社、二〇一五年）は、幼児教育への投資の効果、そして非認知能力が注目されるきっかけになった一冊で、日本の保育・幼児教育界にも大きな影響を与えた。

山　口：内閣府や厚労省などに呼ばれて、子育て政策についてお話しする機会がありますが、ヘックマン的な話が入る以前は、子どもにかけるお金は、単なる〝支出〟だと思われていたんです。財政負担であり、家計にも負担だと。ところが幼児教育は将来への投資だという捉え方をしていくと、お金の話がまったく変わってきてしまう。そこで使うお金は、消えてなくなってしまうのではなく、二〇年後、三〇年後になって返ってくる。それどころか、払ったお金よりも大きくなって返ってくる可能性が極めて高い。投資としての性質をもっているということで、子育て支援に対する支出に対して前向きな空気が醸成されてきていると思いますね。

大豆生田：そのことが結局、国の政策にどうつながっていくか。「三つ子の魂百まで」[*17]と政治家もみなさんおっしゃるのだけれど、子どもにとって大事というだけではなくて、この国の社会や未来の経済やウェルビーイングも含めて重要であるという論点はとても重要であり大きい影響力をもったと思っています。

その一方、ヘックマンの研究では、経済的に豊かではない家庭に限定的という点をどう捉えていいか、僕らも迷うところです。

山　口：我々の研究[*18]でも、経済的・社会的に恵まれていない家庭の子どもに、かなりポジティブな効果が出ていますので、ヘックマンの研究と共通する部分はあると思います。プラスの効果が出る層は、子ども人口でいったら一〇%ぐらいに留まるのかもしれないとは思います。

ただ、我々の研究成果として（保育園活用について）ポジティブに捉えていいと考える点は、「〝悪影響〟は、いかなる（経済的な）層にも出ていない」という点です。子ども

＊17　**三つ子の魂百まで**　幼い頃（三歳）の性質は、いくつになっても（一〇〇歳まで）変わらないというたとえ。

＊18　Yamaguchi, S., Asai, Y., & Kambayashi, R. (2018). How does early childcare enrollment affect children, parents, and their interactions? *Labour Economics*, 55, 56–71.

を（保育園等に）預けることはかわいそうというような話に対しては、きちんと反論できるエビデンスになったと思っています。つまり、大多数の方にとってみれば、子どもを保育園に預けることで、激しい変化が起こるわけではないけれども、安心して預けていいんだよというお墨付きは出せていると考えています。

そして、子どもに対する影響を考える時に、社会全体で「何をゴールにするのか」という点もあります。その一方、多くの方々に合意いただける考え方としては「平等度の高い社会」かと思います。格差を懸念する声も大きくなっていますが、保育園や幼稚園などで園生活を送ると、家庭の環境にかかわらず、みんな同じように、基本的には平等に扱われるわけですよね。大半の園で、家庭の出自にかかわらず等しく保育・幼児教育を受けることで〝差〟が埋まっていくというところも、大事なポイントだろうと考えています。

大豆生田：それぞれの園の個性はあっても、ある一定の「質」への投資がなされることで、成長についての重要な根幹に関して共通にどの子にも為されるということが大事ということですね。

山　口：「質」の最低限の部分は、どの園でも担保されるべきです。そのうえでさまざまな独自性があって各々自分に合う園に通うといいですよね。

入園年齢について――〇歳から？ 一歳から？

大豆生田：入園年齢についてですが、〇歳からのほうがいい、または一歳からのほうがいいというような話もあります。それは、どのタイミングで、いかに支援を届けるかということでもあるかと思いますが、そのあたりはどのようにお考えでしょうか？　たとえばスウェーデンでは、〇歳からは保育園では預かりません。一歳からです。入園年齢について、日本の歴史的、文化的、社会的な風土のなかで、どう捉えればいいのかと考えます。

山　口：それは、どういう子育てをしたいのかという問題でしょう。スウェーデンでも同様だと思いますが、〇歳児保育はものすごくお金がかかってしまう。この支出を許容できるのか、あるいは〇歳からではなく一歳からにして、そこから先を充実させることにお金を使うのかというような議論を今後していかなければならないと考えています。

子どもの発達について見ると、我々の経済学でカバーしている範囲だと、何かマイナスになるということはないので、「どのように社会でお金を使いたいか」という価値判断になるかと思っています。

「保活」が表出させる〝現実〟

山　口：我々は（保育園にまつわる）さまざまなエピソードをＳＮＳなどで拾いながら研究素材としていましたが、その時に気がついたことがあります。たとえば、ご両親とも大卒で、作戦を立てて戦略的に動いていく。企業の営業のエース級が保育園の入園枠を取りに行くわけです。そういう人たちと、教育もそれほど受けられなかった貧しい家庭のご両親が、保活において勝負になるのかというと、心配です。

それは相当苦しいだろうということに気がついて、データを見ていましたら、やはりその辺の逆転現象が結果的に起こってしまっている。[19] おそらくは行政としてもそんなことは意図してなかったと思いますが、実際にはそういう事態が起こってしまっていた。非常にショックであったし、これは解決しなければならないと考えています。

その一方で、最近、少子化によって、保育園の枠がどちらかというと余る方が心配されてきています。これまで使えなかった人たちも使えるようになってくるという方向にあるわけですが、同時に、働いていないと保育園は使えないという側面もあります。

今後は、〇～二歳のお子さんで、母親が専業主婦であったとしても、たとえば週に一日、半日だけでも使えるような形で子育て支援施設として保育園を、福祉ではなくて幼児教育的な観点で捉えて、制度をつくり直していくということが必要ではないかと考えています。[20]

いかに支援を届けるか

大豆生田：育休中の親子を支えてきた場所として、「地域の子育て支援」も、重要な位置づけとしてありました。保育とは別枠として、機能を活かせないかと思っています。保育園に入らないにしても、保育の場や地域の子育て支援の拠点の場を基本的に使う、使えるということを、もっと明確に位置づける必要があると思っています。

山　口：子育てハッピーという人もいれば、孤立感を感じている人も少なからずいる。孤立感を感じていらっしゃる人（の多く）は保育園を使ってはいない。夫は何もせず、四

*19 Yamaguchi, S., Asai, Y., & Kambayashi, R. (2018). Effects of subsidized childcare on mothers' labor supply under a rationing mechanism. *Labour Economics*, **55**, 1–17.

*20 本対談が行われた際（二〇二二年）には、まだ具体的に導入されていなかったが、その後「こども誰でも通園制度」の具体的な検討が開始された。「こども誰でも通園制度」とは、保育園などの利用要件を緩和し親が就労していなくても時間単位などで子どもを預けられるようにする新たな通園制度。実施案としては、対象は〇歳六か月～三歳未満、利用時間は子ども一人当たり上限月一〇時間。二〇二四年度は約一五〇の自治体で試験的に導入し、二〇二五年度に法的位置づけを拡充、そして二〇二六年度より全自治体で実施予定。

六時中、自分だけがワンオペ育児の状態で、地域にある保育園を使っていないことによって地域そのものからも孤立している。

そういう状況は母親にも子どもにも良くありません。そこを地域でいかにカバーしていくのか。保育園じゃなくてもいいのかもしれませんが、子育ての拠点としてすでに保育園がありますし、少子化等により定員割れしつつもあることを思えば、ここを活用していくような形を考える。これまでの発想、働く親を支えるということから、そもそも子育てを支援するという方向に変えていかなければと感じますね。

大豆生田：自治体によっては「マイ保育園制度」などがあり、生まれる前から「ここがかかりつけ保育園ですよ」というような仕組みもありますが、十分機能していない実態もあるように思っています。そこが明確化されていくと、実効性は大きいのではないでしょうか。

山　口：子育て支援に限らず、公共政策や社会福祉の分野で今、世界中でいわれるようになったのですが、本当に必要な人に支援を届けることは極めて難しいということ。それが、経済学の研究者の世界でもようやく認識されるようになってきました。

日本でも、行政でも、「プッシュ型支援」という在り方が謳われるようになってきています。であれば、子育て支援でもプッシュ型支援をする。「困ったらいつでも来てくださいね」と言うよりは、日頃から定期的に、「月一回、二週に一回、この時間にお越しください」というような形で、コンスタントに接点をもっていくことが支援を届けやすくする方法かと思っています。

保育士の待遇について――課題の根源を探る

大豆生田：同時に、もう一つの課題。すなわち保育士不足の話も含めて、保育の場が疲弊しているのはなぜか。業界全体の課題であると考えています。保育士の待遇が、社会的な地位も含めて決して良いとはいえない現状があります。

山　口：保育士の待遇などに関しては、専門家の議論を見ていても、まだコンセンサスにたどり着いていないという感じがしています。

「お金が足りない」というようなことをいう人もいますが、そういう方々の多くは全国平均の統計を見ている。

その一方、現場に近いところで見ている経済系の先生ですと、いや、もうお金は相当出している、たとえば東京だったらかなり出ているはずである、と。そして、キャリアパスが見えないこと、あるいは人間関係のほうが問題だとおっしゃる。

全体的にいうと、お金に留まらない待遇改善が課題だろうと感じています。

大豆生田：現場としては、待遇や配置基準等の課題への解決を求める声が大きいです。それはよくわかりますし、解決しなければならない問題です。ただその一方、それを早急に求めるだけではなく、園のマネジメントで解決できる部分もあり、それが近年、かなり動き出しています。この両輪が大切ではないかと考えています。

山　口：税金でかなり加算されているようですが、それが保育士さんのところに届かないようになってしまうということでしょうか。

大豆生田：その状況に差があるんです、おそらく。園によって違いがあるのではないかと想像されます。

山　口：規制が必要だと感じられたりしますか。

大豆生田：しますね。（待遇改善の状況が）目的的に使われてない可能性があるということ。そういう調査はどうなされているのか。

山　口：確かにそういった調査が必要ですね。

今後は、家庭の経済状況にかかわらず、一律に、最低限の子育て支援、幼児教育を考えたい。アメリカには「補助的栄養支援プログラム」という制度があって、貧しい家庭に対して食糧費として払われたりしています。そういったスタイルで、子どもの発達に必要なものは、最低限、すべて行政が提供する。教育サービスも、食べ物も、学用品も、すべて無理なく手にできる、そういう社会でありたいと願っています。

「義務保育」の発想。財源、財源、財源……

山　口：そして、幼児教育……、義務教育年齢の引き下げというのは、長期的には必要だろうと感じています。

ただ、子育て支援を充実させるということは、負担増の話もしないと、政治にも行政にも聞いてもらえません。そのためには、累進課税を強化する必要もあるし、消費税も上げざるを得ないだろうと考えています。

大豆生田：この話は莫大な財源とセットの話になるんですよね。今、待機児童が少なくなってきましたが、小学校だったら子どもが少なくたって、たとえば離島に一人子どもがいれば必ずそこに学校があり、先生がいる。

そういった教育サービスは本来、当然保障されるべきものなんですよ。その〝保障されるべき〟という観点がないため、保育はこういった現状に置かれているともいえる。幼保一元化の動きは学校教育的な位置づけのなかに置かれることが必要なのかもしれません。

かと言って、こういった幼児教育の議論で、それは単に小学校から制度や仕組みを下ろしてくるものなのかどうか。学校的なものを下ろしてくるということに対するアレルギー感は非常に強い。逆に制約がかかってくる可能性すらあります。

子どもの主体性が尊重され、比較的自由度が高い保育という営みの良さにさまざまな制約がかかってきて、「じゃ、教科書が必要だよね」的な発想が……。それは違うのです。

山　口：それはまた違うんですよね（笑）。〝学校化〟を早くしてしまうという発想とはもうまったく逆なんです。この手の話を聞くたびに、小学校一年生は、もうちょっと幼稚園っぽくてもいいのではないかと思うんですよ。

大豆生田：「幼児教育と小学校教育の架け橋特別委員会」[*21]で、「小学校が幼保に近づく……」というような議論をしてくださったのは本当にありがたかった。今後とも、保幼小接続の在り方についても視野に入れながらこの議論をしなきゃいけない。それは、子ども主体の保育の延長線上に小学校以上の教育があるという流れです。

そして、それ以前に莫大な予算がかかるっていうことに、どれだけ社会的なコンセン

＊21　「架け橋」（幼保小の架け橋プログラムなど）については、本書四〇—五三頁参照。

サスを得られるかっていうことは、闘いでもあるかと思っていますけどね。

山　口：そういう意味でも、ヘックマンの登場により認識されるようになった「投資したお金は返ってくる」という話をし続けていこうと思います。短期的には負担増になることは避けがたい。であれば、今後の社会をよくしていくために必要不可欠なのだという認識とセットで、今の我々の社会全体に心づもりをしてもらう必要があると思います。

山口慎太郎先生との対談を終えて

「子ども」不在の経済政策
──保育という「現物給付」の重要性

経済学が専門の山口先生は、経済政策において「子どもの発達への影響」という視点が欠如していることをお話しくださいました。これまでは、日本の保育政策の大きな側面を占めたのが、仕事と子育ての両立支援として「待機児童対策」を行うことでした。もちろん、このことが重要であることは否めないのですが、そこに「子ども」の視点があまり入っていなかった。ですから、保育の質よりも量が中心の政策となってきたのだと思います。特に、「こどもまんなか社会」を進める現在においても、「現金給付」が目立ちがちです。社会全体も金銭的な支援を求める風潮が強いように思います。

しかし、山口先生は、少子化対策として「現金給付」は必ずしも子どもが増えるようなことにつながり得ないと述べています。むしろ、「現物給付」特に保育という子育て支援の効果があると述べるのです。その根拠として、家庭のみで育てる場合に比べて、保育園を活用することは、子どもの発達にもプラス、母親の幸福感の向上や、ストレス軽減、しつけの質の向上、言葉の発達も早くなるというような結果を明らかにしています。

良質な保育を三歳未満から保障すること

つまり、良質な保育は子どもの育ちによいだけではなく、保護者のウェルビーイングにもつながるのです。これらの研究で特に効果を発揮するのは社会的経済的に恵まれていない層であることも明らかにされています。三歳未満に質の高い保育を保障することのメリットは多くの研究からも明らかだと述べられてもいました。現在、こども家庭庁の政策の目玉の一つに、「こども誰でも通園制度」があります。この背景にも、三歳未満で保育園等に通っていない子どもの孤立の問題に対する解決策の一つがあるわけです。ですから、一時預かり事業が保護者のリフレッシュ目的が大きいのに対して、この「誰通」では子どもの育ちが中心的な目的となっています。

しかし、日本のような超長時間保育で、保育士不足、待遇も十分ではないなかでどれだけ質的に充実した保育を保障できるかは大きな課題があるのです。だからこそ、今後ますます保育の質の充実が求められるわけですが、この対談のなかでも議論になったように、保育の質の評価をどう行うかも大きな課題です。国立教育政策研究所から、「幼児教育における保育実践の質評価スケール案」が示されています。今後、これらにどのような活用の可能性や意義や課題があるのかといった検討が求められているところでもあります。

男性の育児休業取得の広がりへの期待

山口先生は「男性の育休一か月取得は、その人のライフスタイルから人生を変える一か月になり得る」ことを多くの研究結果が示唆していることを紹介してくれました。山口先生自身が父親になっての実感と研究結果の両側面から、男性が育児に携わらないということは、子育てせずに楽をしているのではなく、大きな幸せをみすみす逃してしまっていると語られたことはたいへん印象的でした。

現在、こども家庭庁の政策では、男性の育児休業取得推進に向けて、給付率アップや、「男性の育児休業取得率の公表」の義務化により中小企業での育休職にインセンティブを与えるなどの政策を急速に進めています。今後、男性が家事・育児に当たり前に関わる社会が進むことは、男性の意識が変化することへの大きな期待につながるのです。また、それは家庭育児の充実にもつながる可能性があり、園は単なるサービス機関ではなく、家庭の子育てのパートナーとしての役割としていかに充実するかという方向へ向かうことも期待しています。

地域でのプッシュ型・伴走型支援への期待

一方、現実は本当に必要な人に支援を届けることが極めて難しく、そこが大きな課題であるとも述べられていました。そこで、期待されるのが「プッシュ型支援」です。それは、単なる「待ち受け型」の支援ではなく、支援側が積極的にアプローチしたり、定期的に親子と支援が接点をもつような支援が必要となることです。

子育て情報などが支援機関から保護者のスマホなどに随時提供されたり、ワンストップで申し込みができたりすることなどもその一つでしょう。また、対談のなかでも紹介しましたが、マイ保育園制度もそうですが、かかりつけの支援の場があることや、「誰でも通園制度」もその一つになり得るかもしれません。それが産前産後から伴走型で行われることが求められているのです。園もその重要な役割を担うことが今後、期待されています。

聞き手・木村の〈視点〉

山口 慎太郎×大豆生田 啓友

「経済学」から浮かびあがる子ども・子育ての姿

本対談は、「なぜ、経済学で子育てや保育を取り上げたか」と問う大豆生田先生に対して山口先生が即答！「日本経済を今後成長させていくヒントを得るうえで」から始まった。そのヒントが労働市場における女性の活躍推進にあると考えた山口先生は当時、北米エリアにおられ、日本とのあまりの違いに、そこにこそ成長余地があるだろうと思い、育休や保育制度の在り方と女性就業率という観点からアプローチなさるが……そこで気づいたことがあるという。

「現在の保育制度を考えた時の当事者つまり政策に携わっていた人たちは『母親』をイメージしたのでしょうけれど、重要なのは『子ども』なんですよね。つまり、子どもに対する影響が、あまりにも日本の政策形成の現場では語られなさすぎている」。

語られなさすぎている……!? それは保育現場に身をおく方々、保育制度に直接関わる方々が、もしやその“足りなさ”について訴え足りなかったということか。

続いて述べられる、子育て支援・保育施策の際の「現金給付と現物給付の対比」には目を剥く人もいるのではないだろうか。多くの人は、「子育て世代の生活を支える財政支援を！」と考えるだろう。だが、山口先生の観点は異なる。男性の家事育児に費やす時間比率について日本人男性はわずか15%という点を挙げつつ、「保育」というサポート・サービスを提供（支給）すると、母親側の負担が一気に軽くなるはずとおっしゃる（確かに！）。すなわち、「お金ではなく、『保育』という子育て支援なんです」。

さらに、「『育休1か月』が及ぼすその人（男性）の人生への影響」という点にも言及。「子育てに飛び込んでみる。（…中略…）すると（愛情ホルモンとも呼ばれる）オキシトシンが出てきて……」。子どもがもっと可愛くなり子育てのための時間を使いたくなり……と良いサイクルが回り始めるという（本書「5　明和政子×大豆生田啓友」の対談内容にもつながる）。ということは、放任姿勢で子育てに関心が薄い男性は、育ちゆく我が子との温かで幸せに満ちた時をみすみす手放してしまっているようなものではないか……。けれど昨今うれしいことに、園送迎や連絡帳書き込み等を積極的に楽しんでいるお父さん方の話をよく聞くようになった。子どもと共に生きる幸せにしみじみと気づいた諸兄諸氏におかれては、どうかその幸せの輪をより多くの方々に広げ共に実感していただければと思う。

対談終盤で山口先生が強調しておられるように「投資したお金」は必ずや還ってくる。生まれ育ちつつある子どもたちの日々を実り多くするのみならず、この社会全体を豊かにする形で必ず還ってくるという認識をもち続けたい。

明和 政子　　大豆生田 啓友

5

子育て・保育を「比較認知発達科学」から考える

ヒトの脳とこころの発達と子育ての関係

明和 政子 Myowa Masako

京都大学大学院教育学研究科教授。専門は、比較認知発達科学。

京都大学大学院教育学研究科博士後期課程修了。博士（教育学）。京都大学霊長類研究所研究員、京都大学大学院教育学研究科准教授などを経て、現在。

日本学術会議会員、文部科学省「科学技術・学術審議会」委員、こども家庭庁「こども家庭審議会」臨時委員。

主著　『ヒトの発達の謎を解く』（単著、筑摩書房、2019年）、『マスク社会が危ない』（単著、宝島社、2022年）、『まねが育むヒトの心』（単著、岩波書店、2012年）、『心が芽ばえるとき』（単著、NTT 出版、2006年）など。

＼ この章の1冊 ／

明和 政子

『ヒトの発達の謎を解く――胎児期から人類の未来まで』

筑摩書房、2019年

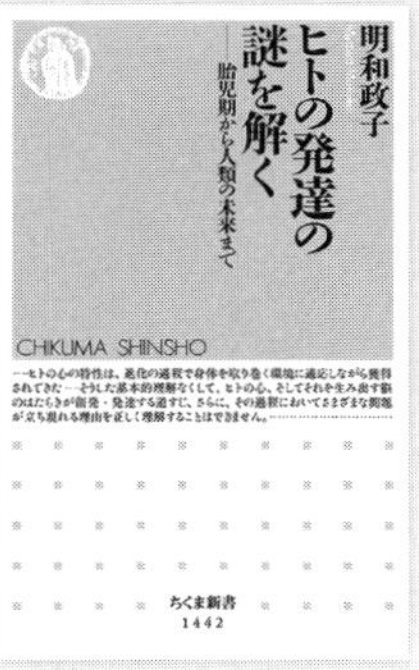

胎児に心はあるのか？ イヤイヤ期はなぜ起こるのか？ 思春期に感情が爆発しがちなのはなぜか？ 個性はいつ、どのように生まれるのか？ デジタル化社会は子どもの脳と心にどのような影響をもたらすのか？ 生物としてのヒトは、直線的に成長していくわけではない。複雑な曲線を描きながら「連続性」と「多様性」をもって変化していく。その複雑な軌跡を科学的に説明することができれば、ヒトが発達する過程で起こる不思議な現象を正しく理解することができる。ヒトの脳と心が生まれ、発達していくという生命現象を真に理解するための一冊。

大豆生田：全世界的に見舞われたコロナ禍によって、保育の現場も子育ても、たいへんな混乱状況に置かれましたが、だからこそ、育ちの根幹が問われる課題が現れていると僕は考えています。感染症対策のために、人と人が密になることを避けるために「ソーシャル・ディスタンス」[*1]や「マスク装着」が求められ、隔てられて食事等をするように促されたりもしました。ですが、ヒトの子育てとは本来、赤ちゃんが泣いていたりぐずっていたりすれば、そこに微笑みかけ、声をかけ、抱き上げ、必要があればオムツを替える……。そこに実はとても大事な意味があるのではないか。今回は、科学的知見、つまりエビデンスをもとに、生物としてのヒトの子育てという点についてお話しいただけるとても貴重な機会と思っています。

ヒトらしい子育ての在り方——身体接触について

明　和：私は、二〇歳の頃から生物学、チンパンジーの脳とこころの研究に取り組んできました。二〇代後半から、京都大学霊長類研究所で生活する「アイ」[*2]さんたちが出産し、子どもたちが親のもつ知識や技術、いわば文化をいかに伝播させていくかを実証する大型プロジェクトに参画しました。アイさん親子のほか、二組のチンパンジーも出産・子育てを開始しました。[*3]世界でもこれだけ間近でチンパンジーの子育てを見ることができた研究者はわずかです。毎日彼女たちのお世話をするなかで、私のなかに〝子育て〟のイメージが湧いてきました。

しかし、それをヒトの子育てに当てはめることはできないことに気づいたのは、自分

＊1　ソーシャル・ディスタンス　社会的距離。感染症のさらなる拡大を懸念し、人と人との間に一定の距離を置くことを主に指す。二〇二〇年からの新型コロナウイルス感染症（COVID-19）が流行・蔓延しつつあった状況時に、「三密（密閉・密集・密接）」を避けることが推奨された。その三密を避けるための手立ての一つとして、「ソーシャル・ディスタンス」という用語が謳われ、人と人との間に距離を置くことにより感染症蔓延を抑制する、有益な方法の一つとされた。

＊2　アイは、一九七六年にアフリカで生まれたメスのチンパンジーである。このアイを中心に、チンパンジーの知性を探るため、チンパンジーが見ている世界を描き出すことを目的に、一九七八年に「アイ・プロジェクト」がスタート。同プロジェクトでは、アイだけでなく、ほかのチンパンジーも同様の学習等に取り組むなど、さまざまな研究が行われ話題となる。ア

が親になってからでした。ヒトとチンパンジーの子育ては、まったく違うのです。ヒトは、抱っこしたり、授乳したりするだけに留まらず、おせっかいなまでに声をかけたり、微笑んだり……。「ヒトとは何か」を改めて考えさせられました。

ヒトもチンパンジーもそうですが、私たちはほ乳類動物です。生まれてからは、ある誰かに「くっついて」もらわないと生存することすらできません。こうした見方が私のこころの根幹にありましたので、新型コロナウイルス感染症対策として〝新しい生活様式〟[*4]が国から求められた時、大きな違和感を覚えました。脳がすでに完成している大人はともかく、未熟な子どもにとっては脳とこころの発達に大きく影響するだろうと予測しました。そしてその思いを一般の方に向けてわかりやすく発信する努力をこれまで重ねてきたのです。

大豆生田：大学で学生のみなさんを見ていますと、特にコロナ禍においては、明らかにコミュニケーションが取りにくい状況にありました。あのような状況の経験は、ヒトのコミュニケーションの在り方に何か影響を及ぼすのではないでしょうか。

明　和：脳の発達においては、「感受性期」[*5]と呼ばれる特別の時期があります。環境の影響をとりわけ受けやすい時期は脳の場所によって決まっているのです。感受性期のうち、もっとも重要な時期の一つは乳幼児期ですが、今の学生さんには、この時期の身体経験の記憶がまだある世代です。友達と身体をくっつけあって遊んだり、美味しいねとおしゃべりしながら一緒に食事したり……、そうした経験が記憶のなかに残っていますから、その点は救いです。

コロナ禍がいつまで続くかわかりませんが、一番懸念されるのは、パンデミックの時

イ・プロジェクトの歴史・経緯などについては、以下の文献を参照。

松沢哲郎「比較認知科学――アイ・プロジェクトの三〇年」『動物心理学研究』第五九巻第一号、二〇〇九年、一三五―一六〇頁。

＊3　二〇〇〇年四月に、アイにアユムという息子が生まれた。同年六月にクロエがクレオという娘を産み、同年八月にパンがパルという娘を産んだことで、三組の母子が揃った。

＊4　新しい生活様式　新型コロナウイルス感染症の感染蔓延の状況を受けて、一人ひとりの行動変容の要請の具体的な実践の形として、(1)一人ひとりの基本的感染対策、(2)日常生活を営む上での基本的生活様式、(3)日常生活の各場面別の生活様式、(4)働き方の新しいスタイルという四項目からなる「新しい生活様式」が、二〇二〇年五月に新型コロナウイルス感染症専門家会議において提言された。

＊5　脳発達の感受性期　ヒト

期に生まれ育っている乳幼児です。このままコロナ禍が長期にわたり続いていくとしたら、彼ら彼女らの幼少期の身体経験、それに基づく記憶が、五年後、一〇年後、私たち世代がもつ脳内処理とどのように異なっていくのか、非常に気になるところです。

コロナ禍における保育現場等の混乱と対応

大豆生田：保育の現場では随分と対応に差があるようです。「コロナ禍前と大きくは変わらないように（身体）接触している」というところと、「感染抑止のために」と極端に接触を控えたり、子どもたちが密になることを控えたりということを意識して取り組んでいる現場とがあるんです。

明　和：このあたりの懸念については、パンデミック以降、保育団体やメディアを通して[*6]さまざまな形で発信するようにしてきました。成熟した脳をもつ大人とは異なる、脳発達の感受性期にある子どもたちに、パンデミック以前の日常を過度に制約することなく活動を保障するにはどうしたらよいかを考えよう、というメッセージです。しかし、現実として現場には温度差があります。どうしていいかわからないという現場の混乱が続いています。そして、子どもたちが実際にどのように成長していくのかが〝アウトカム〟として示されるのは、ずっと後になります。

私は先生方に、科学的エビデンスを「羅針盤」として活用するしくみやネットワークをつくりましょう、と伝えています。現場の実践で迷ったら、この羅針盤に立ち戻って考える。それにより、未曽有の時代に求められる実践、挑戦に納得できる、自信がもて

の脳の発達期には、環境の影響をとりわけ強く受けて変容しやすいある特別の時期がある。これを脳発達の「感受性期」という。ヒトは、〇歳、一歳、二歳と年齢に比例して右上がりに、線形的に発達するわけではない。感受性期に不適切な環境にさらされると、脳とこころにダメージを受けやすい。

＊6　全国私立保育園連盟のHP「あおむし通信」に明和氏の「子育てに関わっておられるすべての皆様へ」と題したメッセージが二〇二〇年四月三〇日掲載。このメッセージをもとに冊子「ともにつながりながら、この困難を生きぬくための羅針盤」が、全国私立保育園連盟発行の『保育通信』二〇二〇年七月号付録として作成された。

る。先生方をこうした形で励まし、支えることが科学者の役割だと思います。

大豆生田：パンデミック初期の頃の認定こども園協会の調査で[*7]、親たちの不安の大きさが、かなり挙げられていました。これだけ長期化するなかで、子どもがずっとマスクをつけていてよいのかなど、親自身の不安はとても大きいと想像されます。親のストレスの問題は子どもにあまり良くない影響を与えると思われます。

明和：親のストレスが子どもの心身の発達に直接的に影響することは、すでに多くの研究により実証されています[*8]。親御さんの不安を過度に募らせてはいけませんので表現には気をつけなければならないですけれども、ヒトはそもそもほ乳類動物なのです。子どもの身体の恒常性（ホメオスタシス）が崩れた時には、養育個体からの身体接触を基盤とした保護が必要です。幼少期に養育個体から適切な保護を受けられなかった場合、その影響は、とくに思春期に現れやすいことも知られています。コロナ禍の今こそ、子どもだけでなく、子どもの育ちを守る親も「セットで」守らなければならない。親子の心身の健康を守るための大胆な取り組み、実践が喫緊に必要な時代です。

科学者としての私自身がまずできることは、保育・教育現場の先生方と議論させていただき、感染状況によって、先生方にできることとできないことがあることを客観的に理解いただくことです。人類のウイルスとの闘いでは、どんなに頑張ってもできることとできないことがあります。コロナ禍が終わっても、同様の苦難は必ずやってきます。今回の事態が収束すればそれで終わりというわけではない。

他方、ただちにできることとしては、家庭と保育・教育現場との間での密な情報共有、協力信頼関係の構築、円滑な機能分担だろうと思います。

＊7　全国認定こども園協会が、二〇二〇年五月に「新型コロナウイルスに係る子育て緊急アンケート」を実施。翌六月に、調査結果等についてまとめた報告書が公表されている。

＊8　明和政子『ヒトの発達の謎を解く——胎児期から人類の未来まで』筑摩書房、二〇一九年参照。

一例を挙げましょう。家庭では多くの場合、マスクを外して生活なさっているでしょう。身体接触も、これまで同様行うことが可能です。〝当たり前だった子育て〟が、コロナ禍においては、集団生活の場での制約が課されている分、家庭での保育の意義が大きくなっているのです。家庭での保育活動を、コロナ禍以前よりも少し意識して実践してみてくださいい、と親御さんにお願いしたいです。それと同時に、園の先生方には、「子育てを頑張ってくれているお母さん、お父さんたちを褒めてあげてください」と伝えています。お母さん、お父さんは、園や学校で制約されている活動を一生懸命担ってくださっている、ありがとう……ですね。

子育てを一生懸命やっていても、誰かから褒められたり、評価されたりすることってあまりないですよね。親は、孤独で不安です。コロナ禍の今こそ、子どもも親もセットで褒めることで、社会が親子のこころを支えなければなりません。家庭に向けては、これも科学的エビデンスの力が効くと思いますが、子どもの脳とこころの発達には、身体接触やマスクなし生活が重要であることを伝えていただきたいです。先生方から、褒められ応援されると、親御さんもモチベーションが高まるはずです。こうした協力体制、支え合いの好循環を、園と家庭の間にいかにつくっていくか。大人もストレスが過多になっている今、「親に任せます」あるいは「保育園でやってください」といったやりとりに陥りがちですが、こういう災害下であるからこそ互いに助け合っていきたいものです。

大豆生田：先ほど、親の側のストレスについてお話ししましたが、保育の場の負担も大きいという点もたいへんな課題と考えています。日本の保育の制度的な問題もあります。

長時間の保育を強いられること、保育士一人でかなりの人数の子どもたちの保育に取り組まざるを得ない実態など、悲鳴のような声が届いてきます。この国がこれからもう一歩進めなければならない課題であろうと考えています。

明　和：保育は、誰でもできる職業ではない。生涯にわたり心身の健康の資本がつくられる時期が乳幼児期です。この時期の脳とこころをいかに育むかをゆだねられている、医療職に匹敵する重要な専門職です。保育者は高度な専門性をもつプロフェッショナルとしての活躍が期待される職業であることを、社会にも、当事者としての先生方にも認識していただく必要がある。保育士の専門性強化は、保育・教育に関わる者の処遇改善に直結する問題でもあります。

「親性脳」という脳の働きが示す事実

明　和：子どもの育ちに関わる科学者として、もう一つお伝えしたいことがあります。それは、子どもだけでなく、親も社会が育むべき対象であるという事実です。

生物学的女性は、子どもを産んだらいわゆる「母性」と呼ばれるものが脳とこころに湧き立ってきて、自動的に親として求められる振る舞いができる、子育てに向いている性である、という捉え方が未だに根強く残っていると思います。しかし、それは科学的に否定されています。

「親性脳」[*9]という脳内ネットワークが特定されています。子育てに適応的なこころや行動には、ある特定の脳部位の活動が関わっていることがわかってきました。重要なこと

*9　**親性脳**　育児について特徴的に活動する脳の働き。近年の研究で、ヒトの脳には、子育ての情報に対して顕著に活性化する中枢神経ネットワークが存在することが明らかになってきている。

以下の文献も参照。

明和政子「子育てを助ける『親性脳』とは『育児の適性に男女差がない』理由が最新科学で分かった！」『コクリコ』講談社。

田中友香理「ヒトの親性脳の発達とその個人差」『心理学ワールド』第一〇三号、二〇二〇年、二二―二三頁。

は、この親性脳の活動には生物学的性差が見られないことです。男性も女性も、子育ての日常で得られる体験、身体接触や匂い、肌触りといったさまざまな身体経験を蓄積することで、親として振る舞うために適応的な脳内ネットワークが発達していくのです。

保育園や幼稚園、こども園は、子育てをただ請け負うサービス業であってはなりません。現代社会において、子どもとのふれあい経験に乏しい若い世代の親性脳を育む役割も期待されているのです。いわゆる、親子「共育て」の場として期待される、発達支援、教育支援機関でもあるんですね。親性脳が発達してくると、子育てとは子どもの成長のための奉仕活動ではなく、自分の成長にもつながる重要な機会であることも認識できるようになるでしょう。

大豆生田：私が関わっているある園の法人では、園の運営委員に、職員や私のような外部の研究者のほか、保護者や地域の人などが何名かが加わって構成されています。その運営委員会で、保護者四人ぐらいが委員になっていたのですが、どなたも共通に言ってくださったのが「保育園という場所がこんなに子どもを手厚く見てくれるとは思わなかった」ということです。また、「子どもだけではなく、私たち保護者にも温かく関わってくれる」「コロナ禍の状況下、親同士もつながりにくいけれども、私たちも園のことに関わりたいと思っているし、親同士としてもできることを園と関わってやりたい」ともおっしゃった。

そのなかには男性も含まれていました。これまで保育園とは、子どもを預ける場所、つまりサービス機関のように思っていたけれども、園は子どもの姿について発信し、保護者自身も園と良好な関係がある時に、共に参画しながら、一緒に保育に参画したくなる。そして、父親たちも子育て仲間をつくりたいという声があちこちに起こり始めると、保育園という場所が親たちにとっても共に育っていく場になっていく。男女関係なく園を介しながら、共に子どもを育てていく営みを高め合っていくような仕組みはもっと進められるのではないかと思います。まさに、「共育て、共育ち」の場ですね。

明　和：私たちも、パートナーの妊娠中から第一子が誕生された後まで、男性の親性脳の発達を長期にわたり計測させていただいてきました[*10]。その結果わかったことは、男性の親性脳の発達には個人差が大きいという事実です。パートナーが妊娠している段階から、つまり、子育てを始める以前からすでに親性脳の発達が良好な男性は、過去に子どもと実際に触れ合った経験があることが明らかとなりました。子どもと身体で触れ合う経験は、親性脳の発達に深く関わっているのですね。すでに親となった方の親性脳を発達させるための支援に留まらず、これから親となる予定の方、若い世代の方々を対象として、親性脳の発達を促すような仕組みを社会に実装していくことも重要です。

たとえば、中学生が職場体験実習で、保育園等で活動させてもらう機会がありますね。こうした身体経験の提供はとても素晴らしいです。親性脳の発達を早期から促進するうえでたいへん効果的だと思います。

これまでご紹介してきたような人間の育ちにまつわる科学を少しでも身近に感じていただき、興味をもっていただくことで、環境激変の時代に生きる私たち大人は、何を根幹に据えて、何を大事にしながら次世代に未来を託していくことができるかをより具体的に考えることができると思います。

現代社会が抱える子育てにまつわる深刻な課題についても、何か問題が起こってから

*10　Diaz-Rojas, F., Matsunaga, M., Tanaka, Y., Kikusui, T., Mogi, K., Nagasawa, M., Asano, K., Abe, N., & Myowa, M. (2021). Development of the paternal brain in expectant fathers during early pregnancy, *NeuroImage*. DOI: 10.1016/j. neuroimage. 2020.117527.
Diaz-Rojas, F., Matsunaga, M., Tanaka, Y., Kikusui, T., Mogi, K., Nagasawa, M., Asano, K., Abe, N., & Myowa, M. (2023). Development of the paternal brain in humans throughout pregnancy. *Journal of Cognitive Neuroscience*, **35**(3), 396-420. DOI: 10.1162/jocn_a_01953.

事後的に考えたり対応に追われたりするだけではいけないと感じます。子育てという営みを異なる視点から捉えてみると、自分も成長できる、社会とつながり合える重要な機会であるといったポジティブな発想に基づく議論も次第に高まってくることを期待しています。

大豆生田：カナダには、「共感の根っこプログラム」[*11]という取り組みがありました。赤ちゃんと母親が小学校などに行って子どもたちと継続的な関わりをもつプログラムです。日本でも広まらないかと考え取り組んだもののあまり普及しなかったという背景があります。もっとも、赤ちゃん親子と中高校生などとの交流のプログラムを積極的に行っている子育て支援団体などもありますが。

自分自身が親になる前に小さな子の面倒を見るような機会がどれだけあったか。それが親性脳の育ちにつながることを明らかにした明和先生方の研究は本当に素晴らしいと思います。今後、「こどもまんなか社会」をつくるためには、保育の場が地域とのつながりのなかで、いかに小中高校生や若者世代とのつながりの拠点として位置づくかは、とても重要になってくるかと思います。実際になぜ保育者養成校に入ることを希望したかを玉川大学の学生に聞いたら、中学高校時代の保育士体験や、自分あるいは親戚に小さな弟や妹がいてその面倒を見た経験があることが理由になっていた子が多かったです。

明　和：将来的にはそのあたりも視野に入れた実践的取り組みの設計が必要だと思います。数十年前までは概ね大家族でしたし、コミュニティでの社会的絆も深かった。上の子が下の子の面倒を見る、近所の子どもの面倒を見ることは日常の一部でした。しかし、第二次世界大戦後、高度成長期に核家族化が加速し、ヒトという生物にとって本来適応的

*11　**共感の根っこプログラム**（Roots of Empathy）　子どもたちが学校で、〇歳の赤ちゃんとその親の協力を得て、一年を通して赤ちゃんの成長を体験的に学ぶ親性準備のためのプログラム。親子の感情や命の大切さを学ぶと同時に、育児には責任が伴うことなども学ぶことを通して、共感性を養う。

であった子育て環境が希薄になってしまった。コロナ禍の苦しみを機に、社会で親子が共育ち、という考え方や価値を、既存の発想を超えて新たに見直すことができるといいですね。

大豆生田：最近、いわゆる異年齢混合保育スタイルは当たり前のように広まっていて、園生活のなかで、四〜五歳の子が赤ちゃんの面倒を見る姿は普通に見られます。保育園が大家族的になっているということですね。そういう姿は今この時代に改めて大事でしょうし、もっといえば、学校教育の場でも、異年齢同士の育ち合いなどが仕組みとして欲しいと思っています。

人工知能「AI」時代をどう生きるか――「身体感覚」を育むことの重要性

大豆生田：先生のご著書『ヒトの発達の謎を解く』のなかでも取り上げられていた、AIの時代の子育てということも、おそらくこのコロナ禍のなかで大きく進んだかと思っています。保育の場でも、ICT化、デジタル化が働き方改革も含めて進み始めている。良いこともあります。その一方で、保育の場でAIやデジタルをどうするかという話題が出てきています。ただし、それ以前に各家庭内では、子どもたちがそういうメディア、タブレットに長時間触れ続けるという状況が一般化してきています。

先生が書かれているような、生物としてのヒトの子育て、つまり身体の触れ合いが基本だというあたりはどう考えたらいいのか。大人と子どもの関係だけではなく、子ども同士も、実際のモノと身体的に関わることも、保育をしてきた人は実感的にその関わりの大事さを知っているわけです。この新たな課題をどう考えていったらよいでしょうか。

明　和：仮想（デジタル・サイバー）空間で日常の多くを過ごすこととなった人類は、これからどのような脳やこころをもつ生物になっていくのでしょうか。さらに、人類は身体だけでなく、脳やこころ、存在までをも情報科学技術を使って拡張しようとしています。いわば全能の神になろうとしているようです。人類は、これからもホモ・サピエンス[*12]という生物として生存していくのでしょうか。それとも、ホモ・サピエンスを超え、さらには有機的ではない（身体をもたない）存在になっていくのでしょうか。答えはまったく見えません。

進化とは、意図的に進んできたものではありません。ヒトでいえば、たまたま環境に適応して生存してきた生物がホモ・サピエンスであっただけであり、進化的にはヒトが生物の最高傑作というわけではないのです。ですので、今、人類は意図的にホモ・サピエンスという存在から離脱しようとしているように感じます。

こうした時代に生きるわれわれ人類には、なすべきことがあるように思います。それは、「いったん立ち止まって考える」ことです。人間拡張[*13]のテクノロジーを使って、身体の不自由、制約、老化を取り除き、永遠に生きる手立てを得ようとする時代。しかし、そうしたテクノロジーは、誰のために、何のために必要なのでしょうか。私たち一般市民はそうしたことを考える間もなく、社会だけがどんどん変わっていく時代です。

ＡＩは、ヒトをはるかにしのぐ知能（intelligence）、つまり、膨大な知識ベースの情報処理体系をもっていますが、ヒトはＡＩとは異なる特有の心的側面があることをご存じでしょうか。それは、創造性や好奇心といった感情の側面、たとえば感性とも呼ばれる

＊12　**ホモ・サピエンス**（*Homo sapiens*）　現生人類が属する種の学名。ラテン語で「homō」は「人」、「sapiens」は「知恵のある」を指し、「賢い人」という意味がある。

＊13　**人間拡張**（Human Augmentation）　ＡＩやＩｏＴなどのテクノロジーを用いて、人間の身体能力・知覚などを増強・拡張させる技術のことで、もとからある能力を強化するだけでなく、新たな能力を獲得させる場合もある。

ものです。感性を生み出すのは、脳だけではありません。身体の反応、特に内臓の働きが密接に関わっています。身体をもたないＡＩでは不可能な、脳―身体を結びつけた情報処理に基づく「知性（intellect）」の土台となるものです。

たとえば、私たちはお腹が痛い、ドキドキする、おしっこがしたい、鬱々する、感動する、といった感情を日々経験しますが、こうした感情には身体の内部に生じる感覚、いわゆる〝内受容（内臓）感覚〟[*14]が深く関わっています。ヒトを含む生物は身体という物理的制約をもっていて、身体を介した環境との相互作用により、脳は身体感覚と密接に連関し合うことで意識（感情）が生まれるのです。こう考えると、身体をもたないＡＩが（データの埋め込みではなく、自律的に）多様な感情を獲得していくことが苦手であることが理解いただけると思います。身体をもつ生物として、ヒトに特有の感性、感情にどのように価値をおき、ＡＩとの共生社会をつくっていくかをしっかり議論する必要があります。ＡＩ社会、メタバース社会[*15]といったものが、どのような場面で、なぜ必要となるのか。こうしたことを、私たちは意識して考えているでしょうか。新しいもの、刺激的なテクノロジーがどんどん開発され、そこに金銭的価値をもたらすことが優先される時代だからこそ、あえて立ち止まり、ブレーキをかけながら、ヒトがヒトらしく生きるとはどういうことか、人類の持続的発展にとって必要な未来社会の方向とは何かを熟考し、選択していく。新しいもの、一見便利なものをつくって終わり、という今の流れは危ういと感じます。

ちなみに、ドラえもんがのび太くんと一緒に泣いてくれたり笑ってくれたりする、のび太くんに共感してくれる存在であるのは、ドラえもんがどら焼きを食べることができ

＊14 **内受容（内臓）感覚** 心臓の鼓動、胃の圧迫感など、身体内部の変化に対する感覚を指す。内受容感覚が外受容感覚（視覚や聴覚など、身体の外側からの入力情報により生じる感覚）と統合されることにより、主観的な感情への気づきや、価値判断、行動選択が行われる。内受容―外受容感覚の統合不全が関連する疾患として、うつ病、摂食障害、解離性障害、対人不安障害、パニック障害などがある。

＊15 **メタバース** 通信ネットワーク上に構築された三次元の仮想空間やそのサービスを指す。「超越」や「高次元」を意味する「メタ（meta）」と、「宇宙」や「世界」を表す「ユニバース（universe）」をかけ合わせた造語。

るから……つまり、ドラえもんには内臓がある（＝身体感覚がある）という設定になっているからなのです。他方、見た目が人間の身体そっくりにつくられているヒューマノイドロボットには、内臓はないわけで。

大豆生田：なるほど……。すごい話ですね。子どものこと、あるいは子育てのことをどう考えるかということは、これからの日本の、いや世界の在り方、私たちホモ・サピエンスとしての生き方をどう考えるかという壮大なテーマなのですね。僕ら保育関係者はつい目の前の「子どもにどうしてあげることがいいか」と近視眼的に物事を考えがちですが、今のお話から、そもそも人が生きていくということ、そして、どこを尊びつつ生きていくかということを突き付けられたようです。

明　和：生涯にわたる個々の人生の健康、ウェルビーイングの資本が乳幼児期につくられるのは疑いのない事実です。乳幼児期からＩＣＴを活用した教育を、などという主張もよく見かけますが、生物の本質を理解しないまま、個人の成長がテクノロジーの進歩に翻弄されていくリスクは極めて高いと思います。

乳幼児期の保育・教育の最も大切な側面は、「身体感覚を存分に働かせながら」「自分の感情を他者に表現し、他者から表現される感情とのキャッチボールを行い」「感情を共有する経験を得ること」だと思います。特にコロナ禍で日常化したサイバー空間の活用がこれからもさらに加速するとしたら、こうした身体活動はこれまでにも増して意識的に子どもたちが育つ場に提供していかねばならない。ただし、私たちがホモ・サピエンスという生物としてこれからも生存したいと願うなら、という前提ですが。

大豆生田：今後、幼児教育でも幼児の遊びにおけるＩＣＴやデジタルの活用が大きなテーマになっていくと思います。その際には、子どもの身体的な五感を通した体験世界が基盤となり、その遊びの延長線上にその体験世界をより豊かにするための「道具」としてＩＣＴやデジタルの活用が必要になるのだと思います。

日本発信型の子ども・子育てへ

大豆生田：こども家庭庁は「こどもまんなか社会[*16]」を打ち出しています。その「こどもまんなか社会」は、ヒトの社会がこれからの未来をどう考えていくかという根幹の話であると改めて思っています。今後、どういった点に注力していくといいのでしょうか。

明和：一介の科学者としての私にできることは限られていますが、現場の先生方や親御さんとコミュニケーションを取らせていただき、信頼を深めながらわかりやすい言葉で最先端の知を伝えていくこと、そして、実践に自信をもっていただくことに尽くしていきたいと思っています。

もう一つは、国が子どもの問題、つまり、将来の日本を背負う大人の問題に本気で取り組もうとされるならば、職種や研究分野を大胆に超えて、たとえば、保育・教育を専門とする見方に留まらず、情報工学やＡＩの専門家、産業界の方々も積極的に巻き込んで率直に意見交換する時空間をもたないといけないと思います。次世代を、日本の未来を思う時、何を優先して課題に取り組んでいくのか。これは日本の子育て問題に限らず、地球規模で取り組んでいくべき課題です。

次世代に対するそうした見方や実践を、日本から世界に積極的に発信していくことも

＊16　**こどもまんなか社会**　二〇二三年に閣議決定された「こども大綱」では、「全てのこども・若者が、日本国憲法、こども基本法及びこどもの権利条約の精神にのっとり、生涯にわたる人格形成の基礎を築き、自立した個人としてひとしく健やかに成長することができ、心身の状況、置かれている環境等にかかわらず、ひとしくその権利の擁護が図られ、身体的・精神的・社会的に将来にわたって幸せな状態（ウェルビーイング）で生活を送ることができる社会」と示されている。

こども大綱

できればいいなと思いますし、そして、日本はそれができる国だと信じています。ひと昔前にはなりますが、いわゆる先進国のなかで唯一、日本だけが野生の霊長類が生息している国だったのです。実際、霊長類学は日本から生まれました。サル社会にも文化があり、個性があることに気づいたのは日本人研究者です。

我々は、人間が生物の一部、自然の一部であるということを体感しながら生きてきた民族です。「人間とは何か」を、日常的に自然との共生を軸に考えることができた民族であったはずです。こうしたすばらしい発想を大切にしながら、次世代人類に思いをはせる。現代社会が直面している社会課題を欧米圏とは異なる見方で考えてみる。絶対にできると思います。日本発信型の次世代子ども・子育てについて、もっと強力に大胆に積極的に取り組んでいきたいです。

大豆生田：私も含め、現場だけでなく保育の研究者も同じ領域内に閉じることが多かったように思います。実際、国の施策でも子ども・子育てはとても小さいテーマとして扱われてきました。でも、今、先生がおっしゃったように、他領域の現場や研究者たちが地球規模の問題として共に分かち合いながら取り組んでいく。子ども・子育ての在りようは、これからの持続可能な社会の在り方そのものであると考えると、さらにさまざまな分野に関心領域を広げ、多くのジャンルの方々と関わり合いながら、共に子ども・子育てのことを考え合っていきたいと思います。

今回のこの対談本のテーマは「保育から世界が変わる」というような大きな言い方をしていますけれど、先生の今日のお話で根拠づけていただいたように思っています。

「親性脳」と保育者の専門性について

大豆生田：少し話が戻りますが、保育・幼児教育において、保育者たちのプロフェッショナル性をいかに高めるか、これが大事だとおっしゃった点に関連して、先生の「親性脳」の研究と保育者の専門性との関連について、何かあればぜひ最後にお教えいただければと思います。

たとえば、保育者のプロフェッショナル性が高いといえる場合、やはり保育者はほかの職種の方と比べて、親性脳は発達しているのでは？　親性脳の発達と、保育者の専門性に関連があるとするならば、どのようにそれぞれを高めていくことができそうかなど、もしあればぜひお願いします。

明和：ヒトの脳（前頭前野）の成熟には、二五〜三〇年かかります。つまり、自分とは異なる相手の立場をイメージし、どのように振る舞うべきか、未来に何が起こるのかを柔軟に推論できるようになるまでにはかなり時間がかかるのです。つまり、若い保育士のみなさんや私が日々接している大学生は、身体的には成熟しているけれども、脳というところという点では未だ発達の途上で、社会が守り、育むべき対象なのですね。

若い保育士の方々にいきなりプロフェッショナル性を期待するのは難しいと思います。完成した脳をもっているベテランの保育士の先生方が、若い先生方の立場に立って、彼ら彼女らの前頭前野の一部を担ってあげながら導いていく、発達させていく教育システムの導入は、保育園に限らず、社会全体で見ても必要なことだと思います。

若い世代の脳とこころを育むうえで効果的な方法は「褒めること」です。「あなたが昨日行ったお子さんや保護者の方々に対する振る舞い、よかったよ！ 成長したよね」などと日常場面で褒める。褒められ経験は、特に動機づけ、ドーパミン・システム[*17]の亢進をもたらします。保育士・教諭という専門性に対する自信やモチベーションにもつながっていきますので、こうした良い循環が日常でうまく得られるような環境を意識してつくっていただけるとよいでしょう。スマホなどを使ってサイバー空間を活用して個人の成長度合いを日々可視化し、その成長を自分で認識する、他者（アバター）から褒めてもらうという、「支援する者を支援する」仕組みをつくっていくといった新たな方向もあると思います。実際、今、私たちはこうした技術開発を手掛けています。

他方、私たちは生物ですから、動機づけに明確に効果を発揮するのは、やはり信頼する他者との身体接触ですね。たとえば、私が大豆生田先生に「明和よくやったね！」と頭をなでてもらう、肩をたたいてもらう。それだけで、私の身体内部には、オキシトシンが自然に分泌されます。わずかでも、生物としてのヒトの本性を理解いただければ、現場でも意識的にそうした身体接触コミュニケーションを大切にしようという空気が高まってくると思います。身体の反応は、脳とこころの反応そのものです。身体を介したコミュニケーションの役割を再認識いただくことで、同僚や親子に対するこころの絆はいっそう深まっていくはずです。そうした環境のなかで育まれる次世代こそが、さらなる次の世代を大切に想うこころをもつ存在となっていくことを確信しています。

*17 ドーパミン　神経伝達物質の一つで、快く感じる原因となる脳内報酬系の活性化において中心的な役割を果たしている。

明和政子先生との対談を終えて

ヒトの子育ての特徴――ディスタンス、マスクの保育

明和先生は、チンパンジーなどの他の動物と違うヒトの子育ての特性が根拠となってお話をされていて、圧倒的な説得力でした。その大きな特徴は「くっついて」子育てをするというもの。まさに、身体接触、アタッチメントの重要性です。対談時はコロナ禍におけるパンデミックのなかで、ディスタンスが求められた時代。多くの園が子どもと保育者、子どもと子ども接触しないように取り組まざるを得なかった。さらに、マスクの問題もそうでした。これまでも顔と顔を通したコミュニケーションが大切であることは保育の場でも言われてきたことです。明和先生は『マスク社会が危ない　子どもの発達に「毎日マスク」はどう影響するか？』(宝島社、二〇二一年）においても、「子ども期は本来、他者の多様な表情を経験しながら、他者の心の状態を理解したり共感したりする、ヒト特有の社会性を身につけていくきわめて重要な時期」と述べています。そして、「子どもの発達には密がかかせない」とも述べられています。コロナ禍が過ぎてもわが国において、いまでも「マスク保育」「何でも消毒保育」は少なくありません。つまり、この問題は解決していないのです。この問題は引き続き、真剣に考えていく必要がありそうです。

親の不安感が子どもに与える影響

そして、親の不安感が子どもの育ちに与える影響についても話されました。その後、ベネッセ総合教育研究所から二〇二三年に公表された『第六回幼児の生活アンケート』[*1]の結果が衝撃的でした。これは、約五年ごとに行っている親への大規模なアンケート調査ですが、子育てへの肯定的な感情は減り、否定的な感情が増えているのです。たとえば、「子どもがわずらわしくていらいらしてしまうこと」は前回（二〇一五年）が五九・九％だったのが、二〇二二年は七〇・九％まで跳ね上がっているのです。他の調査項目も同様の結果でした。この背景にはもちろん、コロナ禍の子育てがあるわけです。しかし、この不安感の根っこはこれまでも続いていた子育ての孤立にあったことが推察されます。この対談では、保育のプロである保育者の方から保護者の頑張りをたくさん褒めてほしいとのお話がありました。また、ここではお聞きできませんでしたが、ヒトの子育ては「共同養育」でなされていることも述べられています。まさに、今後、いかに社会全

体で子ども・子育てを支えるかという体制づくりが求められることは明らかだといえるでしょう。

「親性脳」を育む――赤ちゃんに触れ合う経験

そして、その共同養育のなかで、ヒトは親性脳が育てられるのだともいえるでしょう。国立社会保障・人口問題研究所「第一六回出生動向基本調査」[*2]では、「赤ちゃんや小さい子どもとふれあう機会がよくあった（よくある）」との設問に対する一八～三四歳の未婚の男女の「あてはまらない」の回答は、男性が六〇・六％、女性が五三・六％と、半数以上が関わりが少ない（少なかった）ことを明らかにしています。つまり、親になる前にその準備性がなされない社会であることがわかります。昭和の時代は地域に異年齢の群れ遊びがあり、大家族や周囲の知り合いや親戚の赤ちゃんとの密な接点が当たり前にあったのです。それが得られにくい現代では、意図的にそうした場をつくっていくことが求められます。それは、幼児期からの異年齢との関わりもそうでしょうし、小中高校生・大学生等の大きな子どもが園に訪れて関わる機会も考えられます。対談で紹介した赤ちゃんと親が小学校などに定期的に訪れるプログラムもあります。さらに、出産前の夫婦が赤ちゃんに触れるような経験もそうだし、保護者の保育参加も親性脳の育ちにつながるのかもしれません。

AI社会と身体感覚という問い

明和先生は一貫して生物（ホモ・サピエンス）としてのヒトがヒトであることとして、身体的なものの重要性とその危機についてお話しくださいました。AIはものすごいスピードで私たち大人だけではなく、子どもの生活にも入り込んでいます。それを簡単に止めることはできません。それは二項対立の問いではなく、いかに共存していくかという問いだと私は理解しました。いま、私自身も保育の場における幼児の道具としてのICT等との関わりについて考えています。それが、いかに身体性（五感）が基盤であり、身体性との連続性あるいは拡張として位置づけられるかが大きな課題ではないかと試行錯誤している真っただ中です。明和先生の問いが強烈に私のなかに大きな問いと課題として響いています。

＊1　ベネッセ教育総合研究所「第六回幼児の生活アンケート（二〇二二年調査）」二〇二三年。
＊2　国立社会保障・人口問題研究所「現代日本の結婚と出産――第一六回出生動向基本調査（独身者調査ならびに夫婦調査）報告書」二〇二三年。

＊1

＊2

聞き手・木村の〈視点〉

明和 政子×大豆生田 啓友

「親性脳」、そして「ドラえもん」――内臓がある話

目を見張るほどのスピード展開だった本章の対談。なかでも忘れ難いのは「親性脳」という脳内ネットワークについて、そして、ドラえもんの話。

ドラえもん!?

明和先生曰く、「ドラえもんが（…中略…）のび太くんに共感してくれる存在であるのは、ドラえもんがどら焼きを食べることができるから」。つまりドラえもんには内臓がある＝身体感覚があるという設定になっているからだという（人体そっくりにつくられているヒューマノイドロボットには内臓はない……）。

そして、今後のヒトの進化について警鐘を鳴らす。「仮想空間で日常の多くを過ごすこととなった人類は、これからどのような脳やこころをもつ生物になっていくのでしょうか。（…中略…）全能の神になろうとしているようです。人類は、（…中略…）ホモ・サピエンスを超え、さらには有機的ではない（身体をもたない）存在になっていくのでしょうか」。ヒトの進化について、「たまたま環境に適応して生存してきた生物がホモ・サピエンスであっただけ」とおっしゃる明和先生。今、人類は意図的にホモ・サピエンスという存在から離脱しているように感じるとも言う。

さらに、「ヒトはAIとは異なる特有の心的側面がある」「それは、創造性や好奇心といった感情の側面、たとえば感性とも呼ばれるものです。感性を生み出すのは、脳だけではありません。身体の反応、特に内臓の働きが密接に関わっています。身体をもたないAIでは不可能な、脳―身体を結びつけた情報処理に基づく『知性』の土台となるものです」と重ねる。

改めて問うてみたい。人は……我々ホモ・サピエンスは何をもってヒトたり得るのか。電脳空間に取り囲まれた我々の日々の暮らし、この社会において、我々は生まれてくる子どもたちと共にどう在りたいか。

「親性脳」について。かつて我々の社会が“群れを成して”暮らしていた頃には考えもしなかった「子どもとの身体接触等の有無」がもたらす「親性脳」脳内ネットワークの現れ方や育まれ方のご説明には唸るばかりである。一言加えるならば、乳幼児期に望ましい成育環境に置かれなかったなら……。人はその時期を悔いて生きるのか。対談内で明和先生は新人保育者の成長に触れつつ、人間の脳の成熟には25年から30年かかるとおっしゃる。周囲の大人たちが丁寧な関わりを重ねていくことで、つまり大人たちが“外付けHD”のような環境となって導いていくことで、この社会で人として生きていく際に十分な社会性等の力量は身についていく、と。であればいっそ、誰しも常に発展途上と認識し、人の育ちのしなやかさ、たくましさにも、希望を抱いていきたい。

村上 靖彦

大豆生田 啓友

6

「ケアする」ということから保育・教育の本質を考える

生きることを肯定する営み

村上 靖彦 Murakami Yasuhiko

大阪大学大学院人間科学研究科教授・感染症総合教育研究拠点 CiDER 兼任。専門は、現象学的な質的研究。

東京大学大学院総合文化研究科博士後期課程満期退学。基礎精神病理学・精神分析学博士（パリ第七大学）。日本大学国際関係学部准教授、大阪大学大学院人間科学研究科准教授、エラスムス・ムンドゥス・マスタープログラム：ユーロフィロゾフィー講師、大阪大学大学院人間科学研究科副研究科長・副学部長・附属未来共創センター長などを経て、現在。

主著 『自閉症の現象学』（単著、勁草書房、2008年）、『子どもたちがつくる町』（単著、世界思想社、2021年）、『ケアとは何か』（単著、中央公論新社、2021年）、『「ヤングケアラー」とは誰か』（単著、朝日新聞出版、2022年）、『客観性の落とし穴』（単著、筑摩書房、2023年）など。

＼ この章の1冊 ／

村上 靖彦

『ケアとは何か──看護・福祉で大事なこと』

中央公論新社、2021年

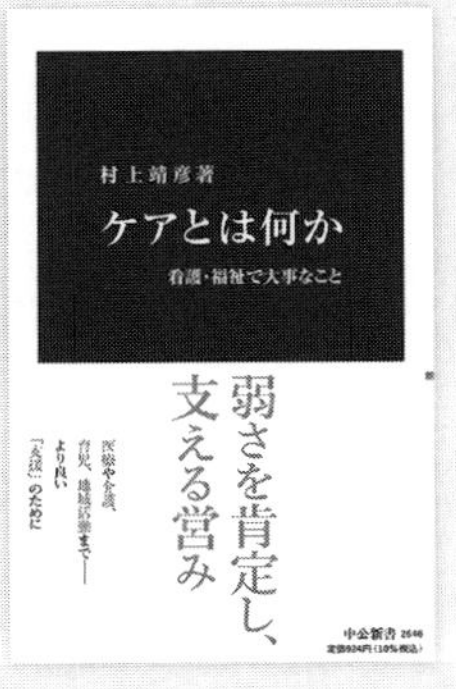

病やケガ、衰弱や死は避けて通れない。自分や親しい人が苦境に立たされた時、私たちは「独りでは生きていけない」ことを痛感する。そうした人間の弱さを前提としたうえで、生を肯定し、支える営みがケアである。本書では、看護の現象学の第一人者が、当事者やケアワーカーへの聞き取りをもとに、医療行為を超えたところで求められるケアの本質について論じる。育児や地域福祉、貧困対策の在り方にも通底する「当事者主体の支援」とは。〈実践〉のための哲学書。

大豆生田：ご著書『ケアとは何か』がとても興味深く、PCにメモを打ち込みながら読ませていただきました。先生は哲学的かつ原理的背景がありながら、実践のヒアリング、インタビューをなさっているところが興味深く思います。今回の対談では、先生が取り組んでいらした「ケア」というお考えが、保育や教育とどう重なるかという話をうかがいたく思っています。

ご著書につきまして、かなりの部分で「これって、保育の原理じゃん？」と思いながら読ませていただきました。ただし、保育・教育にも〝落とし穴〟がある……。保育・教育だからこそ「ケア」でなくなってしまうという課題があるようにも思えます。まず、「ケアとは何か」という話をしていただいたうえで、ケアと保育・教育の関係性について話を展開願えればと思っています。

村上：僕はもともと哲学の研究者だったのですが、いろいろなご縁がありまして二〇年ぐらい前から医療現場に入るようになりました。当初は自閉症の子どもたちと出会い、研究をしていました。「国立成育医療センター」[*1]で陪席をしていた時期が四年くらいあります。

その後、大阪に移ってから看護師さんの聞き取りを一〇年ちょっと続けていました。そして、子育て支援にも一〇年ほど前から、大阪市西成区にご縁をいただいて入るようになりました。最初は虐待に追い込まれてしまったお母さんたちのグループワークの調査に入り、[*2]子ども支援現場の方たちと近しくなりました。そして、『子どもたちがつくる町』[*3]という本にまとめました。その延長線上で、最近は、ヤングケアラーを経験した人たちの聞き取り調査をしております。[*4]

＊1　**国立成育医療センター**　東京都世田谷区にある、現・国立成育医療研究センター。二〇〇二年三月に、国立大蔵病院と国立小児病院（世田谷区太子堂）を統合し、国立成育医療センターとして設立。二〇一五年より、国立研究開発法人国立成育医療研究センターに改称。

＊2　村上靖彦『母親の孤独から回復する――虐待のグループワーク実践に学ぶ』講談社、二〇一七年。

＊3　村上靖彦『子どもたちがつくる町――大阪・西成の子育て支援』世界思想社、二〇二一年。

＊4　村上靖彦『「ヤングケアラー」とは誰か――家族を〝気づかう〟子どもたちの孤立』朝日新聞出版、二〇二二年。村上靖彦『となりのヤングケアラー――SOSをキャッチするには？』筑摩書房、二〇二四年。

ケアを前提とするコミュニケーションの在り方

村　上：二〇二一年に『ケアとは何か』を刊行する機会をいただきましたが、僕自身はそもそも対人援助職ではありませんし、最初は、このタイトルで本を出すことにすごくためらいがありました。ですが、編集者の方から「いや、これでいきましょう」と押されまして……（笑）。

ですから、僕自身が「ケアとは何か」ということを大きな顔して語ることについては、今でも戸惑いがあります。あくまでも、多くの現場の方にお会いしてきて、いろんなことを教えていただいたので、それを伝えることが自分の役割だと考えています。

それを大前提として、僕がこの「ケア」のことを考え始めたのは、看護師さんたちの聞き取りをし始めてからでした。当時、ケアに関わるようになったきっかけは二つありました。一つは、二〇〇八年から二〇〇九年頃に、大阪大学で同僚だった西村ユミさん[*5]と出会って、彼女の研究が非常に面白かったんです。僕はもともと哲学のなかでも「現象学」[*6]というジャンルを専門としてきたのですが、西村さんの研究は非常に現象学的だった。現象学の精神を引き継いでいて、かつ、現場で丁寧にフィールドワークされた記述で、見たこともない世界を見せていただいて感動しました。

もう一つは、西村さんと出会って看護の世界がこんなにも面白いと知った頃に、私の父が亡くなりました。糖尿病とパーキンソン病を患っていて、認知症気味であまり調子がよくなく、自分にとってちょっと引っ掛かりが残っています。当時、僕自身は大阪に

＊5　**西村ユミ**（にしむら・ゆみ：一九六八年—）　東京都立大学健康福祉学部教授、看護師。現象学・身体論を手がかりとしながら看護ケアの意味について研究。主な著書に『語りかける身体——看護ケアの現象学』（ゆみる出版、二〇〇一年）、『交流する身体——〈ケア〉を捉えなおす』（ＮＨＫ出版、二〇〇七年）などがある。

＊6　**現象学**　オーストリアの哲学者エドムント・フッサールが創唱し、ハイデガーやメルロ＝ポンティへと引き継がれた哲学の潮流。はじめは心理を客観化して考察する心理学に対する批判として始まった。経験に対して内在的な視点を取りつつ記述的に分析することに特徴がある。

住んでいて、実家は東京の小平市。最期は八王子にある病院で亡くなりましたが、その時にうちの家族、ちょっとバラバラだったもので、うまい形で看取りができず、親父に悪いことをしたという思いと、彼は何を考え、何を感じて死んでいったんだろうということがよくわからないまま、あいまいな形で最期を迎えてしまいました。

その頃、看護について教えていただき始め、自分でも看取りや終末期のケアがあると学び始めたところでしたので、親父の看取りはなんだったのだろう……という思いがありました。

そして、僕が支援職の「ケア」に興味を抱いた点は三つあります。

一つはコミュニケーションです（①）。西村ユミさんの著書に、今は講談社学術文庫に入っている『語りかける身体』[*7]という本があり、遷延性意識障害、植物状態の患者さんのケアをする看護師さんたちのフィールドワークについて著していらっしゃいます。意思疎通ができない患者さんとの間で、コミュニケーションをとる……、それは一見矛盾しているんですけども、コミュニケーションがとれない患者さんとの間でコミュニケーションをとるという看護師さんたちの営みを知りました。それは、僕にとってはすごく衝撃的だったんです。そのことと、看取りに代表されるような、本人や家族にとって大変な場面に、いかに立ち会うのか、そこでどのように対人援助職の人たちがサポートする役割を担うのかという点に興味がありました。

それがきっかけだったものですから、「ケアとは何か」については、僕はコミュニケーションの問題として最初から考えてみました。「コミュニケーションってそもそも何なんだろう」という問いです。哲学でもコミュニケーションについて多くの議論がある

＊7　西村ユミ『語りかける身体――看護ケアの現象学』ゆみる出版、二〇〇一年（二〇一八年に講談社学術文庫より刊行）。

けれども、看護師さんをはじめとしたプロのケアラーの方々から教わったことをとても新しく感じたことが執筆動機の一つでした。

ですから、僕にとっては、ケアというのは、まずはどんな場面であっても、コミュニケーションをとり続ける努力あるいはスキルであるという点が最初にある。

加えて、研究を続けるなかで、特に訪問看護の調査で寝たきりの高齢者の方のところに看護師さんに同行してお邪魔した時に、その看護師さんたちが、ちっちゃな願いごとを大切にしているんです(②)。生活上のちっちゃなこと……、たとえば何か食べたいものがある、誰か会いたい人がいる、そういった元気な時には一見些細なことが大きな意味をもってきて、そこを大切にしていくことが、実は大切なケアである、と。

そういったことごとは看護の業務内容に入っていません。医師からオーダーされている業務にまったく入っていない。ところが、そのなかに患者さんの人生、もしかすると残り少ない人生を支えていく大事な要素があるということを教えていただいた。これが、僕にとって大事なケアだったんです。

そして、もう一つ大きいのは、僕は今も社会的養護に関わるような現場にもいますので、たいへん困難な状況がある時に、誰かがそばに居ることはすごく大事なんです。逆境に立ち会うことです(③)。看護師さんや子ども支援の方たちも、そういう場面の支えになる存在だなと思う。このことは家族(特に主婦やヤングケアラー)による不払い労働にケア責任を押しつけてきた社会構造のなかでケアを社会へと開いていくということでもあります。そして支え方には、場面ごとにさまざまなバリエーションがあると思うんです。

以上の三つ（①コミュニケーション、②ちっちゃな願いごとを大切に、③逆境に直面している人・場面に立ち会うこと）が僕にとっての軸になって、ケアを考え続けています。

関係性が問う「ケアの在り方」

大豆生田：ケアの三つの視点についてお話しいただき、ありがとうございます。そのことを受けて、私の問題意識をお話しします。私自身はかつてあまり学校に行っておらず実は学校や教育が大嫌い……という問題意識から教育の分野に踏み込んだような状況です。ところが、その問題意識がもたらした取り組みの途上で、「幼児教育」はどうもいわゆる〝教育〟とは異なるらしい……と惚れ込んでいきました。

そして、大学院時代に「愛育養護学校[*8]」というところに通いました。当時、津守眞先生[*9]が校長で、重度自閉症の子たちがたくさんいました。津守先生は、「校長先生」なんですが、子どもに全身で関わりながら寝転んでいる姿などがありました。そして、寝転がったまま「ああ大豆生田くんね……」と。そして、ずっと水道の水を出しながらワァーッと言っている女の子がいたんですが、「今日はあの子について」と言われた。でも、水道のホースを持ってジャージャー振り回しながら奇声をあげている子に、どうついたらいいのかさっぱりわからない。

困っていたら、「隣に座って、やってることを見てたら～」と言われたんです。で、いったい何を見るんだと思って見ていたら、彼女が声をあげるタイミングがわかってきた。上がった水と光が重なった時に、アッて声を出す。それに気づいた時、僕、衝撃で。

＊8　**愛育養護学校**　一九三八年、母体である母子愛育会の研究所が設立された時に、発達に遅れのある子どもたちのために設けられた特別保育室として始まったが、戦争が始まり一時閉鎖。戦後の一九四九年に、津守眞氏が中心になり再開された。一九五五年に学校教育法の養護学校として都知事の認可を受けた、先駆的な養護学校の一つ。創立からの「愛育養護学校」の校名は、二〇一九年度より「愛育学園（特別支援学校）」に変更となった。

＊9　**津守眞**（つもり・まこと）本書一四頁参照。

「あ、光ったね」と言ったら、その女の子と気持ちがつながるっていう感じをもったんです。私がこれまでの歩みはラッキーだったと思うのは、そういう場面から保育・幼児教育の世界に入っていったところなんです。

改めて今回、『ケアとは何か』を読ませていただき、保育の原理とかなり共通すると思われてならないんです。逆に言うと、保育や教育は、「子どもを育てなきゃ」、あるいは「こちらがしてあげる」というあたりが見え隠れするところに、〝ケアでなくなる〟ことの危険性を孕むと感じるんです。

実は、佐伯胖先生[*10]が、ある時から「ケア」っていう概念に惚れ込まれました。ノディングズ[*11]のケアリングがベースになっていると思いますが、佐伯先生は、「子どもがケアする世界をケアする。これが保育なんだ」というように、「ケアが保育だ」とおっしゃる[*12]。

「子どもがケアする」ということについて言えば、村上先生の本のなかで、「ケアとはその困難を出発点として」と書かれている。一方、佐伯胖の「ケア」というのは、その子自身が専心没頭するような対象みたいなこと、目の前のことに惚れ込むみたいなことも含めて、ケアと考えているんです。

事例から「ケア」とは何かを考える

村　上：僕が大豆生田先生と佐伯先生の対談[*13]を初めて読んだ時に驚いたのは、「ケア」と考えられている範囲がとても広いということでした。僕は終末期の看護から入ったもの

＊10　佐伯胖（さえき・ゆたか）本書一八頁参照。

＊11　ノディングズ（Noddings, N.：1929-2022）アメリカのフェミニスト、教育者、哲学者であり、教育哲学、教育理論、ケアの倫理に関する研究で最もよく知られている。小学校教師、ハイスクールの数学教師、教育行政官を務めた後、スタンフォード大学において教育哲学で博士号取得。アメリカ教育哲学会会長、デューイ学会会長、全米科学アカデミー会長などを歴任。スタンフォード大学名誉教授。翻訳書として、『ケアリング――倫理と道徳の教育　女性の観点から』（晃洋書房、一九九七年）、『学校におけるケアの挑戦――もう一つの教育を求めて』（ゆみる出版、二〇〇七年）、『幸せのための教育』（知泉書館、二〇〇八年）など多数。

＊12　子どもと保育総合研究所（編）『子どもを「人間としてみる」ということ――子どもとともにある保育の原点』ミネルヴァ書房、二〇一三年や、佐伯胖

ですから、痛みがある、亡くなる直前というところから認識し始めていきましたが、対談で言われている内容は、子どもはそもそもあらゆる場面でケアをする存在だっていう書かれ方ですよね。

大豆生田：佐伯先生のケアリングの3次元モデルでは、「かかわること」（対象の「訴え」を聴き取ること）、対象に「なってみること」、「畏敬の念を抱くこと」の構造として説明されています。

村　上：津守先生とのエピソードで教えていただいた、水道の水と光と関わっていくことがすでにケア……。

大豆生田：はい。そこには、女の子が水という対象の訴えを聴く姿があり、女の子はまさに水の世界に気持ちを一体化させており、その水に「すごい」と畏敬の念を抱いています。その女の子が水をケアしている世界に対して、私自身がその訴えを聴き入り、「そうなんだ！」と女の子と水の関わりに心を動かして関わっているのです（笑）。

村　上：僕は今まで、自閉症の子どもたちと出会っていた時と、今の研究とは、分けて考えていました。でも、僕も自閉症の子どもたちとそういう遊びを経験していたので、彼らはそういう形で世界をケアしていると考えると、ぐっと視野が広がります。

大豆生田：子どもが、必ずしも困難を出発点としておらず、むしろ目の前のことにワクワクしていたり、どう向き合おうかというように手探りの状態という……そういう人たちの世界のケアということから、教育の問題等も問い直してみることの面白さがあると思っています。

ここで事例にお付き合いしていただいてもいいでしょうか。Hくんの事例です。

（編著）『「子どもがケアする世界」をケアする――保育における「二人称的アプローチ」入門』ミネルヴァ書房、二〇一七年などを参照。

＊13　子どもと保育総合研究所（編）『子どもを「人間としてみる」ということ――子どもとともにある保育の原点』ミネルヴァ書房、二〇一三年。

＊

大学を出て一年目の保育者Ａ先生が、ある保育園で四歳児クラスの担任になりました。その時に、中堅の先生とペアで、主に見ることになったのが、発達障害のあるお子さんＨくんでした。この子は、毎日園に来ると、積み木を並べては倒すという遊びを延々としています。しかも、自分で全部積み木を使うと言い張るので、他の子どもたちとのトラブルが絶えません。そして、部屋からすぐ飛び出る、さらにはみんなの集まりには絶対に来ない。

Ａ先生は葛藤します。四月当初からヘトヘトになって、中堅の先生と話したら、中堅の先生はその気持ちを受け止めてくれてホッとはした。同時に、その中堅の先生が「Ｈくんって何が面白くて、毎日積み木遊びをしているんだろう……」って、ぽそっとおっしゃった。そこで、この一年目のＡ先生はドキッとする。

というのも、Ｈくんが何が面白くて積み木遊びをしているかなんて考えもしなかったんです。この子は発達障害で、こだわりの強いタイプの子だというふうに思い込んでいたから。こだわり行動をしているとだけ思い込んでいたから、〝Ｈくんの見ている世界〟なんか気にも留めなかった。

Ａ先生は、反省しつつ翌日もＨくんの様子を見る。すると、並べ方が実に丁寧なんです。一つひとつ距離を測るように並べたり、カーブのところではきれいにカーブをつけていったり……。Ａ先生はＨくんの横で手先の動きを見ながら、一々感動して声に出してしまった。するとＨくんは今までＡ先生にまったく心を開かなかったのに、ぼそぼそ独り言を言い始めた。それは、こんなメロディで……、「ピタゴラスイッチ！」って。

「えっ、ピタゴラスイッチだったんだ！」……、Ａ先生はうれしくなってきて、この子とつながる……、という感じだったそうです。

そこでＡ先生が思いついた。翌日、「ピタゴラスイッチ好きだったら、こんなの使ったら面白いかな」とビー玉を転がす工作の本を出したら、思った以上に気に入ってつくり始め、どんどん面白くなっていくんです。

そして、このＡ先生はさらに、クラスの子たちにも伝えるんです。「Ｈくんのつくってるの、見て！」。でも、Ｈくんはずっと〝困ったちゃん〟でしたから、ほかの子たちは「Ｈくんは悪い子」ぐらいに見ていた。ところがその作品を見たら「Ｈ、すげえ～」と言い出して。翌日から「Ｈ、やらせて。これ、一緒にやらせて！」。するとＨくんは、今までは絶対に心を許さなかったのに、どんどんやらせてあげるようになっていったんです。

この園では、秋にお店屋さんごっこをする行事があります。自分たちで何のお店屋さんを出すか……。Ｈくんは当然、集まりに来ないんですけど、「Ｈくんならピタゴラ屋さんやったらいいんじゃない？」と言ったら、Ｈくんは「ピタゴラ屋さんやる」と言う。しかも、ほかの子といっしょにやるんです。そしてピタゴラスイッチのコーナーまでつくり始めてお店屋さんごっこ大盛況、という展開になったそうです。

ケアのコミュニケーションの四類型

大豆生田：この事例は、Ｈくんがケアしている世界（ピタゴラスイッチとの「かかわり」）に保育者がケアする（聴き入り、「なってみて」、「畏敬の念を抱く」）プロセスがあります。村上先生は、ご著書のなかで「コミュニケーションの四類型」[*14]と書かれていますが、それらと重ねながら、このＨくんの事例を思っていました。

一つ目は、「当事者からのサインをケアラーが感じ取る」ということ。保育においてもとても重要ですよね。本人がどうしようとしているかわからないとしても、こちらがどのように感じようとしているか、この事例のなかで見えてきます。

二つ目は、「ケアラーから当事者にアプローチする」ということ。Ｈくんの例では、翌日から彼がやっているところをＡ先生が丁寧に見ようとし始めたことも、ピタゴラスイッチ好きだったらピタゴラスイッチをつくれるものを「お店屋さんごっこ」に出したらいいとアプローチすることも一つの在り方でしょう。

三つ目は、「当事者の位置にケアラーが立とうとする」こと。Ａ先生がＨくんの立場に立とうとした姿勢が、Ｈくんが心を開いてきたことにつながります。

そして、四つ目として、「当事者と共に居る」という視点。Ａ先生はＨくんの問題行動を変えようという対象化する視点から、共に居るスタンスへと変化していることがわかります。

村　上：素晴らしい保育士さんですよね。子どもの力も素晴らしい。「子どもが主体。子

*14　村上靖彦『ケアとは何か——看護・福祉で大事なこと』中央公論新社、二〇二一年、四一五頁。

どもは自分で表現するし、自分で自分の（この場合はピタゴラスイッチですけれども）何かをつくっていく存在である」という点をとても大事になさっている。

つまり、子どもが主体となった時に、子どもはどのような楽しさをもっていて、どんな願いをもっていて、そして、それを保育士の先生方がどのようにキャッチできるか。キャッチできた時に初めて、子どもたちは周囲の人たちと〝仲間になれる〟。

大豆生田先生がおっしゃったことは、僕はもうまったくその通りだなと思いました。『ケアとは何か』では、死や逆境を出発点として考察をしていましたから、保育の場面とはズレているかもしれませんが、大事なことは、本人の欲望や表現をどれだけ大事にできるかということですよね。

この点は、僕の本でも核となっていますし、先生がずっとおっしゃっていたことでもある。加えて、たとえば〝教育〟のような、一定の規範を押しつけられかねない状況が生じる場面では、途端に蔑ろにされがちになってしまうようなことでもあります。

「その子どもがどういうサインを出すか」なんて、あらかじめ想像することはできません。どういう場面で、どういうサインが出て、どういうふうにそれをキャッチするのか。どこにもマニュアルはない。それこそが対人援助職の世界の面白さでもあるんですよね。

ヤングケアラーが置かれている状況から

大豆生田：一方、実は子どもは明るくポジティブとも限らない存在であると思っているんです。さまざまな背景をもって問題を抱えながら園に来る子たちはたくさんいます。そういう状況をキャッチできるかどうか……なかなか難しいと思っています。

村　上：ヤングケアラーを経験した人たちの聞き取りをし始めていた頃、「要保護児童対策地域協議会[*15]（要対協）」に出席していたんですが、書類上は〝ネグレクト〟と書かれているご家庭の子どもたちについて、でもこの子、ヤングケアラーではないかという事例があるんです。そうしたら、「実はみんなそうじゃないの？」と、「こどもの里[*16]」の荘保共子さんがおっしゃった。

外から見ると何か問題を抱えていたり、親御さんがちゃんと子育てできてないと思われたりしてしまう場合、子どもが何か問題行動を起こす（夜にいなくなる、朝は学校に来られない……）となってしまうんですけど、そうではないという視点がもてるかどうかということを教えていただきました。実際、地域の居場所ではやんちゃな子どもが親やきょうだいをサポートしていました。

西成の支援者の方々は、おそらくみなさんそういう視点をもっている。助産師のひろえさん[*17]という方は、彼女に向かって若年の妊婦さん（一〇代で妊娠された女性）が当たり散らしてきたりすると、「この子はなんか困ってるんだなぁ」と声をかけたくなるとおっしゃるんです。

そういう場面を僕もたくさん見せていただいています。いろいろな仕方で子どもたちや若者たちはシグナルを出していて、それは時に深刻なＳＯＳだったりするわけですが、そもそも周囲の誰かがキャッチしようと思っていないと……キャッチできません。

それから「キャッチ」するための前提条件がたぶん一つある。それはそもそも、子ど

＊15　要保護児童対策地域協議会　虐待のリスクがある子どもなどの適切な保護、支援等を行うため、子どもに関係する機関等により構成される機関であり、児童福祉法（第二五条の二）により、地方公共団体はその設置に努めることとされている。現在では、ほぼすべての市町村に設置されている。

＊16　こどもの里　大阪市西成区にある認定ＮＰＯ法人で、日雇い労働者の街「釜ヶ崎」の子どもたちに、安心・自由・健全な遊び場を提供しようと、一九七七年に荘保共子氏がスタートさせたミニ児童館が起源。「釜ヶ崎で生きるこどもの権利を守る」ために、学童保育やプレーパーク、自立援助ホーム、ファミリーホーム、緊急一時保護、エンパワメント事業、訪問サポート事業など、地域に住む子どもたちや家族の日常的なサポートを行っている。

もが安心できる場所があるかどうかということではないか。「こどもの里」や「にしなり☆こども食堂」というような場所は、普段はみんな遊びに来ているだけなんです。みんな遊びに来ていて、仲のいい友達がいて、ここでは何をしててもいいし、何もしなくてもいい。見守ってくれるスタッフがいる。そういう環境があるから、サインが出てきやすいんだなぁと思うんですよね。

「サイン」をいかにキャッチするか

村 上：ヤングケアラーの支援策については、相談窓口をつくるということを、今、どこの自治体でも項目としてあげていますが、実は、ほとんど意味がないのではないかと僕は思うんです。子どもが自分で電話をかけたり、SNSで自らSOSを出したりするとは思えない。そもそも自分がサポートを必要としていると感じていない子どもも多いですし、「家のことを外でなんて言えない」と思う子どもも多いです。自分が遊べる場所で、なじんでいる相手だからこそ、何かサインを出すんです。そして、そのサインは「助けて」……、と言葉で言うわけではない。けれど、いつもとはちょっと違う様子を子どもはサインとして出すはずなんです。

ですから、必要なのは相談窓口ではなくて、子どもが安心できる居場所を、もっともっとどこにでもたくさんつくらなければならないだろうと思うんですよね。

加えて申せば、保育園や幼稚園は、そういう場所として、もともとつくられていると思いますし、今後さらに大事になってくると思うんですよね。

＊17 助産師のひろえさんについては、『子どもたちがつくる町――大阪・西成の子育て支援』（世界思想社、二〇二一年）の第5章「SOSのケイパビリティ――助産師ひろえさんの母子訪問」を参照。

大豆生田：こども家庭庁では、三歳未満のどこの園にも行っていない子どもを園で預かるということについて検討がなされています（のちに「こども誰でも通園制度」として創設）。子ども主体の良質な保育であれば、それは子どもの育ちにメリットはあると思います。これは、慎重に進められることが必要だと思います。

村　上：そもそも、子どもがどこに行きたいかわからないですもんね。

大豆生田：そうなんです。子どもが選ぶという視点も大切にしてほしいですね。これまでも一時預かり事業として進められてきました。選択肢が増えることはよいことです。ただし、それは孤立しがちな親子がケアされる場であり、子どものための場であってほしいと思います。子どもの声がキャッチされる姿勢が問われると思います。

〝居場所〟の在り方……〝べき〟をいかに外せるか

村　上：子どもが出す、とても小さなサインをキャッチできるためには、子どものための居場所が必要でしょうし、支援者の方たちが一人で抱え込まないような仕組みが絶対必要でもあると考えています。家庭で困難を抱えた子どものサインをキャッチして向き合うとしても、一人でその子をサポートしきれるということはありません。

身近なスタッフとチームで考え、地域のほかの施設の方々とつながったりしながら、一人の子どもをみんなで育てていく……、ということでしか、おそらく対応はできない。だからそこも、仕組みづくり、コミュニティづくりが極めて大事になってくるだろうと感じています。

大豆生田：子どものための居場所という視点が必要ですよね。そしてその場は、「何をしてもいいし、何もしなくてもいい」……、この点について、改めて考えてしまいました。実際、それが許される保育の場は、どれだけあるでしょう。どこかで、「(この場は) こうあるべき」という発想が出てくるように思われます。これは、しっかり考えないといけませんよね。

村　上：つまり、「べき」をいかに外せるか。子どものクリエイティビティ (創造性) が発揮されるためにも、「べき」ではない場で自由に……、保育園のなかでピタゴラスイッチをつくっちゃうような……。「べき」が入ると、途端にできなくなってしまうことだと思いますし、そもそも「何もしなくていい」というのは、その人が安心できるための最低必須条件だと思うんですよ。

僕ら大人が自分のことを考えても、〝安心できる場所〟というのは何もしないで、寝転びながらビールを飲んでいるというような状態……、それが許される時に安心できるのであって、子どもにとってもまったく同じでしょう。

家庭環境に困難があるお子さんの場合には、家が安心できる場所ではない可能性もある。であればなおさら〝居場所〟というのは、何をしてもいい、暴れてもいい、何もしないで一人でぼーっとしていてもいいような場所でありたい。そしてそういう場所は「敵ではない」(子ども夢パークの西野博之さん)[*18] 大人が見守っているからつくられる。

二〇二一年に出した『交わらないリズム』[*19] という本で居場所について書いたんです。映画「ゆめパのじかん」[*20] という作品があるんですが、監督の重江良樹さんは西成の様子を描いた「さとにきたらええやん」[*21] も撮影・監督なさった方です。

*18 **西野博之** (にしの・ひろゆき：一九六〇年—) 一九九八年から川崎市子ども権利条例調査研究委員会の世話人として条例策定に携わり、条例制定後はその具現化を目指した川崎市子ども夢パークの開設に尽力。西野さんについては映画『ゆめパのじかん』(重江良樹監督) 参照。

*19 村上靖彦『交わらないリズム——出会いとすれ違いの現象学』青土社、二〇二一年。

*20 重江良樹 (監督)、大澤一生 (構成)、ノンデライコ (配給)「ゆめパのじかん」二〇二二年。神奈川県川崎市で二〇〇〇年に制定された「川崎市子どもの権利に関する条例」のもと、二〇〇三年七月に川崎市高津区にオープンした子どものための遊び場「川崎市子ども夢パーク」、通称「ゆめパ」を舞台にしたドキュメンタリー。

*21 重江良樹 (監督)、大澤

「ゆめパのじかん」のなかでも、キャプションで「何もしなくていい」と、かなり強いメッセージとして出しています。「ゆめパのじかん」の舞台・川崎市子ども夢パーク[*22]を立ち上げた西野博之さんが、そういうことをとても大事に考えておられて、何もしなくていいような自由な場所だから、子どもが昆虫に熱中したり、木工を始めたりとできるようになるのだろうと感じました。

大豆生田：「そこが居場所になる」とはどういうことなのか……。

今、保育の場において、大人の側の体制も課題だと思っています。どういうチームすなわち職員集団をつくっていくか、なかなか簡単ではありません。保育の場が相当多忙であることも背景にはあると思うんですが……。

子育て支援にも関わってきますが、保育の場も子育て支援機能をもっていますから、〝支援〟は大きなテーマでもある。今の子育て家庭の大変さは、虐待に至らないまでもさまざまな課題を抱えている。孤立している。誰にも話せない。支援の場所はあってもハードルが高い。子育て支援の取り組みがこれほど充実してきたにもかかわらず、なかなか難しい。

村　上：『子どもたちがつくる町』[*23]という本を書いた時に教わったのは、子どもの居場所が成立するためには、親を応援することが絶対に必要だということでした。

地域でも親支援はなんとしても必要で、それは結局「生活支援」になる。ここからはソーシャルワークの文脈になると思うんですけども、生活支援がどうなるかというとアウトリーチ[*24]でしかありえない。同行支援や送迎のサービス、家のなかに入ってちょっとお手伝いするなども含めて、家庭を訪問するような仕方で、おうちと近いところで親御

一生（構成）、ノンデライコ（配給）「さとにきたらええやん」二〇一六年。

「日雇い労働者の街」と呼ばれてきた大阪市西成区釜ヶ崎で三八年にわたり、子どもたちの憩いの場として活動を続ける「こどもの里」に密着したドキュメンタリー。

＊22　川崎市子ども夢パーク　神奈川県川崎市にある子どもの遊び場。「川崎市子どもの権利に関する条例」の理念をもとに、子どもが自分の責任で自由に遊び、学び、つくり続けていく子どもの居場所・活動拠点となる施設。

＊23　前掲書（＊3）。

＊24　アウトリーチ　「手を伸ばすこと」を意味する英語から

さんを応援することと相まった時に初めて、子どもは〝居場所〟として安心して遊べる。生活支援と居場所が組み合わさっているからこそ西成のような地域でも、一緒に親子で暮らし続けることができると感じています。

西成には母子家庭が多いんですが、そういったお母さんがどうやってSOSを出すか、そもそも出し得るか、それがキャッチされ得るかというと、送迎支援などで親しくなった支援者に何か愚痴をこぼすというような形がたぶん一番見えやすいのかなと思う。子ども食堂に子どもを連れてきて愚痴を言うみたいなケースはよく聞きますから、そういうようなつながり方があり得る。アウトリーチと居場所は、両方大事ですよね。

もう一つは、今、いろいろな自治体で実施されていると思いますが、産前産後の、特定妊婦のお母さん方ですね。子育てが大変そうなお母さんたちのところに、保健師や助産師さんが、継続的に訪問する仕組みは各地の自治体で実施されていると思います。その地域の資源と結びつく、あるいは保育園とつながっていく（連携していく）ことはとても大事だと思います。

保育園に求められている〝支援〟の実際について

大豆生田：これまでも、すべての保育園を地域の子育て支援センターへ、という動きはありました。二〇年ぐらい前から、江東区の新澤誠治先生方[*25]が尽力なさいましたが、待機児童問題も含めて保育園という場が手いっぱいになっていて、地域の子育て支援への余裕が十分な状況にはならなかったかと思われます。

派生した言葉で、施設から外に出て必要としている人に必要なサービスを届けること。特に社会福祉の分野では、必要な助けが届いていない人のもとへ、行政や支援機関が訪問支援などでアプローチを行うプロセスのことを指す。

＊25 **新澤誠治**（しんざわ・せいじ：一九三五―二〇二三年）元・東京家政大学教授。東京江東区に生まれる。一九六八年、神愛保育園の園長となり、貧しい家庭の子どもの保育、障害児保育、延長・産休明け保育、育児相談などに先駆的に取り組み始める。一九九九年に公設民営の「江東区子ども家庭支援センターみずべ」所長に就任し、子育てひろばとしての子育て支援センターを築くなど、日本における子育て支援をリードした。

これは今後の保育を考えるうえで、重要な論点になると考えています。保育の場が地域の子育て支援を本格的に担うとするならば、現状のままの状態でできるだろうか。保育士のみなさんが専門職として、その場をいかに共有していくか。地域の子育て支援に携わっているＮＰＯ等も含めて、いかに手を組めるかということが、大きなテーマになってくるけれども、これまであまり上手になされてきた感じがしません。今後、社会全体で連携しながらケアしていくことは、大きな課題だなと思っています。

村　上：一つの保育園であらゆる取り組みのすべてを担うことは、どう考えても不可能でしょう。一方、地域には子ども関係の支援資源はたくさんできていますよね、どこの自治体でも。そういったところが連携できるような、緩いネットワークができるとよいかと感じます。

「要対協」はもともと虐待予防のために地域の多職種連携でネットワークを組むことが思想の根幹だったはずですが、今は教育委員会の方のように、日頃地域で子どもと関わっていないような人たちだけで要対協がつくられているケースがたいへんに多いんです。現状の要対協の組織を、現場ベースで考えることができたら大きく変わります。

それから、何か困り事があったご家庭のケースについて、その都度、いろいろな施設の方が集まって相談している場面に出合うことがありますが、そういうことがきっかけになることはできるかもしれないと感じています。

大豆生田：そうですね。これから、地域のさまざまな資源とコラボすることが求められると思います。学校や保健センターなど子どもの関係機関だけではなく、商店街や農家の方、近隣の企業などみんなで子どもを応援するハブに園がなれると思うのです。それが、こどもまんなか社会のネットワークです。

村　上：高齢者施設と一緒になってもいいですよね。僕も認知症高齢者の方たちのためのグループホームと発達障害のある子どものための放課後等デイサービスが壁でも隔てられていない一緒の場にある施設を見学したことがありました（春日台センターセンター[*26]）。

大豆生田：今後、検討されていくべきですよね。学校的にならない、保育の場。いろいろな人が雑多に出入りできるような……。

都市の政策

——現状、自治体によって、子ども関係の施設への対応はあまりにも差異があります。保育施設として当該自治体運営公立園のみ視野に入れている自治体もありますし、小さな個人経営の託児所をも子ども関連施設としてさまざまな情報を丁寧に届け、互いに関わり合おうとする自治体もあります。

自治体の姿勢は、先ほどうかがった「雑多なものがみんな一緒になる」というあたりがキーになるように思えます。

村　上：本当はすごくシンプルで、「子どもの声を聴いたらどうなるだろう」ということなのだろうと思います。

僕は、保育の世界は全然知りません。でも、少し上の年齢の教育関連の場ではあまりに子どもの存在が蔑ろにされてきたように思われてなりません。結局は、「子ども中心に考えようよ」という、たいへんシンプルな話に行き着くのではないでしょうか。制度

＊26　春日台センターセンター
神奈川県愛川町にある、長年愛されたスーパーマーケット「春日台センター」の跡地に建てられた複合施設。敷地内には、グループホーム、小規模多機能型居宅介護、シェアオフィス、寺子屋などが複合されている。

は大事です。でも、「その〝制度〟のもとで何が工夫できるか？」という視点がさらに大事ではないか……。

大豆生田：それぞれの自治体が、自治体の子どもたちが育つ場を、自治体内の部署……、セクショナリズムを一回やめて、みんなで「我が自治体の子どもたちが育つ場を、どういうふうに自分たちでつくっていくか」ということが議論できるかどうか。なかなかできないのは、どこか競争原理が働いてしまうから……。そこが極めて苦しいといつも思いますね。

少子化の流れで保育園・幼稚園の生き残りの話になりますが、自園にだけ子どもが来ても自治体（市区町村）が潰れたらどうしようもない。自治体を挙げて良くすることを考えないと。みんなで子どものこと、親子のことを考えていかなければ結果的に誰も得しないんです。

村　上：勝ち負けの話ではないはず、です。一人ひとりの子どもがどうのびのびと育つかということですから。

人間のクリエイティビティの可能性

村　上：実は、僕がこの本（『ケアとは何か』）で書いていないことで、大豆生田先生が強くおっしゃっていることがたぶん一つあるんです。

それは、子どもがクリエイティブになることを支えるということ。僕は、そのテーマにとても興味があります。人は、どういう時にクリエイティブになれるのか。そのための原理を、もしかしたら僕は、『ケアとは何か』という本を著しつつ考えていたのかもしれません。

先ほどまでは、僕の本は逆境とか看取りから出発していて、保育の場は必ずしもそういう場ではないからこそ、なんらかの鍵になってくるかと感じていました。でも、そこから先は〝同じこと〟がたぶん起きる……、と僕自身は思っています。

僕は、ウィニコット[*27]が大好きなんです。遊ぶこと、子どもがクリエイティブになった時に初めて成長するという考え方に強く影響を受けています。子どもだけではなく大人もそうだと思うんですけども、クリエイティブに遊ぶための条件が、ウィニコットの言葉でしたら、「ホールディング」[*28]になると思う。人とこういう形の関わりをすることでもあり、あるいは支えがある。それは〝ケアの原理〟だろうと思います。

大豆生田：ウィニコットの理論は僕自身にとっても大きな原点の一つです。それは、妻（大豆生田千夏）が母子関係などを専門とする臨床心理士なのですが、彼女がウィニコットを研究で扱っていて知りました。自分という存在は大人との関係のなかにあるということの重要性……。ご著書冒頭の「生を肯定し支える営みがケアである」という〝ケアの目的〟の重要な原理になってくるでしょう。そして、子どもがクリエイティブであること……、エージェンシー[*29]の観点でもいいのですが、新たに社会を生み出していく主体としての子どもという認識は極めて重要だと考えています。それも、ケアの話とつながるんですよね。

ケアラーが当事者にアプローチする際、それは一つの環境であると書いていらっしゃいますが、「環境」というのは、幼児教育の重要な原理の一つです。しかも、日本の幼児教育の重要な原理です。人はケアとして介在するけれども、人だけではなく、さまざ

＊27 **ウィニコット**（Winnicott, D. W.: 1896-1971） イギリスの小児科医、精神科医、精神分析家。特に対象関係論の領域で広く知られる。乳幼児期の安全と安心あるいは逆にトラウマにフォーカスした臨床と理論を展開した。安心な環境のなかで子どもの想像力と創造性が育つことが健康さだと考えていた。「ほどよい母親」であることや、「移行対象」「独りでいられる能力」などの概念が有名である。

＊28 **ホールディング** 乳幼児が心身ともに健やかに発達するために必要な保護的で支持的で発達促進的な環境をつくり出すこと。実際に抱っこするなどだけでなく、情緒的な関わりも含む安心できる環境づくりを指す。

＊29 **エージェンシー**（agency） 近年、主体性に関わる重要な概念とされているもので、二〇一九年にOECD（経済協力開発機構）が、次代に向けてコンピテンシー（資質・能力）を再定義する「Education2030プロジェクト」で示された新たな学習枠

まな環境……、たとえば先ほどのＨくんのように本を介在することによって、そのクリエイティビティが触発されていく。そして、いかに主体がその社会の新たなつくり手になっていくか、創造のつくり手になっていくか。それは、ケアの場においていかに当事者にアプローチするか……、と通底していますよね。

ケアと教育

村　上：本来は、保育と教育は矛盾するものではないはずです。「教育」は何か知識を与える、ルールを教える……といったことではなく、子どもをいかにクリエイティブに、子ども自身が自らのクリエイティブな力を伸ばしていくことができるか……、エージェンシーになっていくか。そのために環境を整えることが教育だと考えることができる。みんながそういうふうに考えることができたら、まったくもってそれは教育的取り組みであるし、かつ、居場所でもあり、そして保育といわれるものだろうと思います。

大豆生田：教育の問題を、ケアを中核に再構築できないかという点は、村上先生の本を読みながら非常に強く思ったところです。教育の「教育くささ」が出てくると、ケアではなくなる。ここが重要な点ですよね。

村　上：僕の研究は、今まで保育を対象としていませんでしたが、多くの支援現場を見てきて、結論は同じなのだと、今、改めて思っています。どうしたら人が自由になれる環境を整えることができるのか。自分が大事にされる環境のもとで、人は自由になることができる。そういう環境をどうやってつくれるか……。

組みである「ＯＥＣＤラーニング・コンパス（学びの羅針盤）2030」のなかで、中心的な概念と位置づけた。「変化を起こすために、自分で目標を設定し、振り返り、責任をもって行動する力」と定義されている。詳しくは以下の文献参照。

白井俊『OECD Education2030プロジェクトが描く教育の未来――エージェンシー、資質・能力とカリキュラム』ミネルヴァ書房、二〇二〇年。

大豆生田：しかも先生はデカルト[*30]を挙げながら、〃関係のなかにある〃という話も、身体のことも何度も出されていますが、ここも重要と思いながら読ませていただきました。

村　上：身体を動かすこと、身体的ケアをすること、それから子どもと絡めて言うと、想像力の働きについては、僕のなかではあんまり区別がないんです。

ウィニコットの影響なのですが、彼が「遊ぶ」ことを考えた際に、それは身体を使って、たとえばままごとをするということですが、同時に、ままごとは想像の……イマジナリーな世界をつくっていくというクリエイティブな働きでもある。

身体で人と関わっていくということは、そういう想像力を開花させていくということですし、ピタゴラスイッチのHくんだって、彼の頭のなかには、最初からピタゴラスイッチで自分の想像力の世界を実現しようという力があった。それを新任の保育者・Aさんと出会うことで、遊びの空間を開いて、ついに実現することができたということですよね。

「ケアを軸にしていく」観点

大豆生田：最後に、「ケアしている」と思っている側が「ケアされている」という双方向的関係性について、この点は、極めて重要なことだと思っています。日本の幼児教育史において原点ともいうべき倉橋惣三[*31]は、〃教育される教育者〃について昭和初期にすでに言及しているんです。

彼の著作には、「子どもは自ら育つ」と書いてある。あの時代に、です。「大人自身が

＊30　**デカルト**（Descartes, R.: 1596-1650）フランス生まれの哲学者、数学者。合理主義哲学の祖であり、近世哲学の祖として知られる。

＊31　**倉橋惣三**（くらはし・そうぞう）本書一四頁参照。

子どもから学ぶ」と述べている。その原理は日本のすべての幼児教育の源流のなかにあるはずなんです。今、改めて「ケア」とは何かということを、教育・保育のなかでも問い直し、ケアを軸に教育・保育を考えることも必要ではないかと思っています。

村　上：僕が取り組んだインタビューのなかで、特に子ども支援関係の方々は、かなり多く「子どもが教えてくれた」とおっしゃいます。「お母ちゃんが教えてくれた」というように。どなたも、本気でそう思ってらっしゃるんです。

「ケアを軸にする」という観点は今、あらゆる場面で必要とされているんですよね。岡野八代先生たちが翻訳された『ケア宣言』[*32]という本がありますが、狭い対人援助職の場面だけではなく、政治・経済・環境も含めて「ケア」をもってつくり変えないと立ち行かないと述べられています。「ケアから出発する」という発想は、僕のなかでは腑に落ちますし、必要なことだと考えています。

＊32　ケア・コレクティヴ、岡野八代ほか（訳）『ケア宣言――相互依存の政治へ』大月書店、二〇二一年。

村上靖彦先生との対談を終えて

ケアとは生きることを肯定する営み

村上先生は「ケアとは生きることを肯定する営み」だと述べておられます。それは、終末期の医療現場での看護師さんからの、あるいは子育て支援現場でのヤングケアラーへの聞き取りなど、村上先生自身が行ってきたフィールドワークから見えてきた言葉であることにとても説得力がありました。

そのなかでも植物状態で意思疎通がとれない人とどのようにコミュニケーションをとるかを探る看護師さんのことや、ご自身のお父様の看取りのことと重ねてお話しくださったのが強く心に残りました。どのような境遇にある人であれ、そこにおけるその人の現在の生を肯定して関わりながら、コミュニケーションをとり続けることこそ、人に関わる専門職であるとのスタンスは、まさに保育においても共通する重要なケアの原理であると思いました。

生活のなかの「小さなこと」への着目

そのためには、生活のなかの「小さなこと」「些細なこと」を大切にすることがケアなのだと村上先生は語られました。これに、津守眞先生がよく目の前の子どもがしている小さなことに目を止めるという話をされていたことを思い出しました。そして、その小さな行為をその子の「表現」として捉えること。それは、村上先生がヤングケアラーの話をされた際に、「子どもや若者はいろいろな仕方でシグナルを出していて、それがSOSだったりする」と話されたことに通じます。

しかし、「周囲の誰かがキャッチしようと思っていないとキャッチできない」とも話されました。まさに、周囲の大人や専門職との信頼関係の問題なのだと思います。一見すると問題行動と思える、背後にあるものへの想像力も必要なのでしょう。いま、保育の場でもさまざまな背景をもつ子どもが存在すると思われますが、目の前の小さなことに着目して関わる専門性がますます大切なのだと思います。

子どもが安心できる「居場所」があること

だからこそ、村上先生は、「必要なのは相談窓口ではなくて、子どもが安心できる居場所を」と語られてもいました。「相談窓口ではなく」という言葉にその重みを感じました。

こども家庭庁から「こどもの居場所づくりに関する指針」[*1]が二〇二三年に出されました。その指針にも記されていますが、その子自身がそこが居場所だと感じているかどうかが大切です。園のこれからの在り方として、多機能化ということが語られるようになりました。地域の子育て支援拠点、学童保育、こども食堂、産前産後の伴走型の相談支援等々、さまざまなメニューが踊りますが、大切なのは子どもと保護者の「居場所」になるかどうか。ここが問われているのだと思います。

子どもがクリエイティブになること

終末医療やヤングケアラー等の現場を基盤としてケアについて述べてこられた村上先生ですが、保育や教育をベースにケアを考えてきた私との接点を探るお話もしてくださったのがとてもうれしかったことです。

最後に「子どもがクリエイティブになること」について話してくださいました。ウィニコットは、遊ぶことにおいてのみ、創造的になることができ、その全人格を使うことができると述べています。子どもが夢中に遊び込むなかで、想像や創造が生まれ、その生がクリエイティブになっていけるのです。こうした遊びとケアを結んでいただいたことも保育がケアと教育を一体的に捉える重要な視点にとても通ずると感じました。

ケアの視点からの広がりへ

対談を通して、困難な世界を生きる対象を研究されてきた村上先生のケアのコミュニケーションの四類型（ケアラーが、当事者からのサインを感じ取ること、当事者にアプローチすること、当事者の位置に立とうとすること、当事者と共に居ること）と、子どもがケアしている世界を保育者がケアする（聴き入り、なってみて、畏敬の念を抱く）という視点は異なるものではありますが、接点が見出せそうな希望がありました。ケアの視点は、まさに保育のみならず世界を構成する重要な原理なのだと感じる場となりました。

＊1　こども家庭庁「こどもの居場所づくりに関する指針」二〇二三年。

聞き手・木村の〈視点〉

村上 靖彦×大豆生田 啓友

「ケア」、それは「保育の原理」!?

村上先生のご著書、『ケアとは何か――看護・福祉で大事なこと』の第１章冒頭にはこのようにある。「ケアとは生きることを肯定する営みだ。（…中略…）『では、どうやって？』それを考えていくことが、本書全体を貫く主題である」。同書では、たとえば言語によるコミュニケーションが難しい状況に置かれている方々に対し、ケアする方々がいかに関わり、気持ちを読み取り、理解し、ふさわしい対応がなされていくか……ということについて細やかに綴られている。

さて、対談が始まるなり、大豆生田先生は「これって、保育の原理じゃん？」とおっしゃる。加えて、保育・教育だからこそ「ケア」でなくなってしまうという課題があるとも述べている（ある意味たいへんに奥深い問いか……）。聞き手としてはその“課題”が気になりつつも、本対談を通してあらゆる人と人との関わりに「ケア」はあり得ると思えたりもする。そして大豆生田先生ご自身が「愛育養護学校」にて重度自閉症の子どもたちと共に過ごした日々を語るくだりは、「保育の原理じゃん？」と口を衝いて出るような体験の感覚について伝えてくださったようにも感じる。

＊

改めて思うに、言葉の定義は難しい。誰もが獲得したカテゴリー（意味合い）で認識・理解し……他者との共通理解を期待してやりとりしていく。では、「ケア」とは何？　多くの場合、保育で語られる「養護」はケアに相当するかとも思われるが、保育も教育も全体を通して「ケア」的視点で取り組むならば、いかなる観点が浮かぶだろうか。

対談の場がお開きに近づいた頃、不意に村上先生から「この本（『ケアとは何か』）で書いていないことで、大豆生田先生が（本対談内で）強くおっしゃっていることがたぶん一つある」との発言が。それは、「子どもがクリエイティブになることを支える」ということ。人は、どういう時にクリエイティブになれるか。そのための原理を、村上先生は同書を著しつつ考えていたと言う。対する大豆生田先生は、「新たに社会を生み出していく主体としての子どもという認識は極めて重要」だと考えていると。また「ケアの話とつながる」とも。

最後に村上先生は『ケア宣言』という書を紹介しつつ、「対人援助職の場面だけではなく、政治・経済・環境も含めて『ケア』をもってつくり変えないと立ち行かない」、そうして「ケアから出発する」という発想が腑に落ちるともおっしゃる。「ケアから出発する」を「保育・幼児教育から出発する」と言い換えたなら？　先の未来にはどのような世界が描かれるだろうか。

荒牧 重人

×

大豆生田 啓友

7

「子どもの権利条約」から保育の基本を考える

「こども基本法」成立施行を受けて

荒牧 重人 Aramaki Shigeto

山梨学院大学名誉教授、子どもの権利条約総合研究所代表。専門は、法学。早稲田大学大学院法学研究科博士前期課程修了、専修大学大学院法学研究科博士後期課程単位取得退学。駒澤大学講師、山梨学院大学法学部講師等を経て、現在。
主著 『子どもにやさしいまちづくり』（共編著、日本評論社、2004年）、『子どもにやさしいまちづくり 第２集』（共編著、日本評論社、2013年）、『解説子ども条例』（共編著、三省堂、2012年）、『世界中の子どもの権利をまもる30の方法』（監修、合同出版、2019年）など。

＼ この章の1冊 ／

公益社団法人全国私立保育連盟（編）

『コミックで発信★保育に活かす子どもの権利条約――「保育通信」より』

エイデル研究所、2022年

保育者から寄せられた〈権利条約〉に関わるエピソードが、４コマ漫画と短いコラムによって表現され、〈権利条約〉と保育現場とのつながりが理解できる。また、各エピソードには、〈権利条約〉の対象条文が提示されており、日常の保育のなかで実際に起こった出来事が、権利条約のどの条文に該当するのかがわかる。さらに研究者による論考、園長による座談会、関連資料などにより、〈権利条約〉についてさらに深く学べる。

巻末には、〈子どもの権利条約〉の「英語正文」「政府訳」「国際教育法研究会訳」「ユニセフ訳」を掲載。

大豆生田：二〇二三年四月一日、「こども家庭庁」[*1]の創設と同時に、「こども基本法」[*2]が施行されました。

日本でもようやく「子どもの権利条約」[*3]が反映された法律が成立したことをうれしく思っていますが、いくつか課題もあるかと考えています。この法律には子どもの権利条約の重要なポイントは入れられたと認識していますが、すべて盛り込まれたわけではありません。そのあたりについて、荒牧先生はどうお考えでしょうか。

「こども基本法」を前に……

荒　牧：二〇二二年六月一五日に、「こども家庭庁設置法」と「こども基本法」が可決・成立しました。国連・子どもの権利委員会からも子どもの権利に関する包括的な法律の採択等が勧告されていたなかでの法律の制定で、このような法律ができたことをまずは歓迎したいと思います。

法律の「意義」としては、なによりも、「こども施策」を条約の精神にすすめていくことが明記され、すべての子どもが「心身の状況、置かれている環境等にかかわらず、その権利の擁護が図られ、将来にわたって幸福な生活を送ることができる社会の実現」を目指していくと宣言している（こども基本法第一条）ことです。そして、子どもの権利条約に掲げられた四つの「一般原則（差別の禁止／子どもの最善の利益／生命・生存・発達の権利／子どもの意見の尊重）」が基本理念に位置づけられています（同法第三条）。

また、すべての子どもについて「自己に直接関係する全ての事項に関して意見を表明

＊1　**こども家庭庁**　政府で所管する子どもを取り巻く行政分野のうち、従来は内閣府や厚生労働省が担っていた事務の一元化を目的に設立された内閣府の外局であり、二〇二三年四月一日に発足。

＊2　**こども基本法**　こども施策を社会全体で総合的かつ強力に推進していくための包括的な基本法として、二〇二二年六月に成立し、二〇二三年四月に施行。

＊3　**子どもの権利条約**　子どもの基本的人権を国際的に保障するために定められた条約。一八歳未満の人たちを子どもと定義し、世界のすべての子どもたちに、自らが権利をもつ主体であることを約束している。一九八九年の国連総会において全会一致で採択され、一九九〇年に

する機会及び多様な社会的活動に参画する機会」を確保すると定め（同法第三条）、子どもの意見表明・参加を広く推進していく必要性が確認されています。

さらに、こども施策の策定・実施・評価にあたって、当事者である子どもの意見を反映させるために必要な措置を講じなければならないとされ（同法第一一条）、「こども政策推進会議」[*4]による「こども大綱」[*5]案の作成にあたっても、子どもなどの意見を反映させるために必要な措置を講ずることにしています（同法第一七条第三項）。

加えて、国が、こども基本法および子どもの権利条約の周知をすることになっています（同法第一五条）。なお、子どもの権利条約では、独立した条文で（同条約第四二条）、条約を子どもと大人双方に周知させることを求めています。

そして、「こども家庭庁」は、子どもに関する総合的な政策調整機関として創設され、その任務として「こどもの権利利益の擁護に関する事務」が挙げられています（こども家庭庁設置法第三条第一項）。また、こども家庭庁の取り組みにおいても、条約の一般原則を踏まえ、子どもの意見の尊重の原則と子どもの最善の利益の原則が基本として位置づけられています（同法同条同項）。

こども家庭庁は、これまでバラバラに取り組まれていたこども政策を一括して推進し、切れ目のない支援につなげるのがねらいとされています。この機関は首相直属の機関として内閣府に置かれ、担当大臣もつけて、関係省庁の大臣に対して勧告権ももたせていますよね。しかし残念ながら、かねてより懸案であった、子ども期の教育については従来通り文部科学省が担うことになり、幼保一元化も見送られました。

発効。日本は一九九四年に批准。なお、「子どもの権利条約」という訳は「Convention on the Rights of the Child」の、ユニセフ訳（QRコード①）、および、国際教育法研究会訳（QRコード②）であり、政府訳としては「児童の権利に関する条約」。本書ではユニセフ訳および国際教育法研究会訳を採用し、「子どもの権利条約」と表記する。なお、条約全文については、ユニセフのウェブサイトにある政府訳および子どもの人権連のウェブサイト参照。

① ②

＊4　こども政策推進会議　こども基本法第一七条に基づき設置された会議で、同条第二項において、次に掲げる事務を行うことになっている。①こども大綱の案を作成すること、②こども施策に関する重要事項について審議し、及びこども施策の実施を推進すること、③こども施策について必要な関係行政機関

こども基本法、こども家庭庁の今後の課題

大豆生田：「教育」に関しては従来通り文科省が担い、幼保一元化は見送られました。幼保一元化は今後の重要な課題だと思います。さて、「こども基本法」および「こども家庭庁」の、今後の課題についてはどのようにお考えでしょうか。

荒　牧：次のようなことが挙げられるかと思います。

こども基本法には、こども施策を進めていくにあたり、条約の「精神」にのっとると記されてはいますが、条約のすべての規定を考慮・実施していくことの必要性が明記されてはいません。これは、実は日本社会のなかに「子どもの権利」が十分に定着していないことの表れでもあります。

子どもの意見の尊重の原則（子どもの権利条約第一二条）については、意見を表明する機会を確保すべき対象が自己に「直接」関係する事項に限定されており（こども基本法第三条第三号）、また、子どもの意見を「正当に」尊重する旨が明記されていません（同法同条第四号）。すなわち、日本政府は子どもの権利条約第一二条の理解を誤っているといえる。

そして何よりも問題なことは、子どもの権利が守られているかどうかを独立の立場から監視する制度（子どもオンブズパーソン[*6]）の設置が見送られたことです。

この設置に反対する理由としては、「誤った子ども中心主義になる懸念がある」「恣意的な運用や暴走のおそれがある」などといわれていますが、国連・子どもの権利委員会等が日本に対する総括所見等において繰り返し指摘してきた問題です。

相互の調整をすること、④他の法令の規定により会議に属させられた事務。

＊5　**こども大綱**　これまで別々に作成・推進されてきた、少子化社会対策基本法、子ども・若者育成支援推進法及び子どもの貧困対策の推進に関する法律に基づく三つのこどもに関する大綱を一つに束ね、こども施策に関する基本的な方針や重要事項等を一元的に定めるもの。

＊6　**子どもオンブズパーソン**　子どもの権利が守られているかを行政から独立した立場でモニターし、調査や勧告する権限をもつ機関。「子どもオンブズマン」や「子どもコミッショナー」などともいわれる。

子どもオンブズパーソンには共通の役割として、「a．独立性」、「b．相談・救済」、「c．制度改善等」、「d．子どもの権利・条約の普及」、それに加えて「e．子どもの意見表明・参加」を挙げることができます。この子どもオンブズパーソンは、裁判官でも、検察官でも、弁護士でもなく、「子どもの最善の利益」という視点で問題の解決にあたります。

そこには当然、「問題解決」の主体としての子どもを位置づけ、子どもの意見表明・参加やエンパワメントが図られることになります。さらに加えるならば、特に子どもからのアクセスの保障をどうするかということです。まずは存在を知ってもらうことが肝要でしょう。つまり、「知る」「わかる」「活用する」のハードルを一つずつ越える必要があります。それには、自治体の活動を活かす必要があります。また、子どもの「居場所」づくりも大切です。安全で安心できる場所・人間関係のなかでこそ、SOSや意見が出せますし、周囲はそのSOSや意見に気づき発見できるのですから。

また、こども施策の一層の充実および必要な財政措置その他の措置（こども基本法第一六条）についての規定が設けられた点は当然必要だったとは思いますが、こども施策の予算がどれだけ増えるかなど具体的に示されなかったことは問題です。子どもの権利条約やこども基本法の効果的な実施、および、こども家庭庁の活動を支える財源や人材の確保・増強にもしっかりと取り組んでいかなければなりません。

これらの課題の多くについては国会の附帯決議でも指摘が行われており、今後の運用において十分に配慮し、「こども大綱」などを通じて改善・是正を図っていくことが期待されます。ただし、附帯決議には法的拘束力はありません。それだけに、私たちの監視・実施に向けた取り組みが求められています。また、附帯決議で「教育及びこどもの福祉に係る施策のより一層の連携確保」やこども家庭庁・文部科学省間の「緊密な連携の確保」などが要請されたことを踏まえることも重要です。

「こども」「子ども」「子供」……「こども家庭庁」
――表記が意味するところ

大豆生田：子どもオンブズパーソン設置が見送られたなかで、その機能を現状のなかで誰がどのように担うかが問われると思います。また、今後も国に働きかけていくことが必要かと思います。

続いてですが、こども基本法やこども家庭庁が、「こ」をひらがなとする「こども」という用語を使うことで、文科省などが使用している「子供」、そして、私たち保育関係者などが一般に使っている「子ども」が混在することになりそうです。

ですが、こども基本法では、年齢で区切らず、「心身の発達の過程にある者」を「こども」と定義していますよね（こども基本法第二条）。

「こども」と称した背景には、ひらがな表記にすれば当事者（子どもたち）にもわかりやすいという観点や、「幅広くこどもを定義することで、支援からこぼれないようにする」ねらいがあるともいわれています。この点は、一定程度評価されてもいいかとも思われますが、先生はどのようにお考えでしょうか？

荒　牧：おっしゃるように、こども基本法やこども家庭庁は「こども」という用語を使っています。

現在の行政用語では「子供」が使われていますが、〝大人のお供〟という語感や、子どもを権利の主体として捉えていない点などに問題があります。また、法律用語としては主に対象としての、「子」「子女」「児童」という表現が多く用いられています。昨今、「子ども」という用語を盛り込んだ法律はなかなかありませんでしたが、たとえば「子どもの貧困対策の推進に関する法律」（二〇一三年六月二六日公布、二〇一四年一月一七日施行）が登場しましたね。

「こども」とすべてひらがなで表記する例は、法律のなかでは、「国民の祝日に関する法律」で「こどもの日」という用語が登場してくるくらいでしょうか。しかし、「供」を漢字にしなかったことだけでも意味は大きい。裁判例では、子ども・国民の学習権を認めた、一九七六年の旭川学力テスト事件[*7]最高裁大法廷判決が「子ども」という表現を使用しています。子どもも「権利の主体」であることを表す余地を残しているのですね。

一方、「こども家庭庁」の省庁名に〝家庭〟が入ったことについては、自民党の保守派に気を遣ったとか、公明党などと問題を起こしたくなかったとか、いろいろいわれています。しかし、子育て家庭の支援は重要ですが、僕は子どもに特化した「子ども庁」のほうが良いと考えます。子育ての基盤は家庭にあるとされていますが、そもそも日本の子育ての伝統には、地域・コミュニティで子どもを育てるという文化的側面がありましたよね。

それを現代に蘇らせようとする動きが、ユニセフのいう「子どもにやさしいまち」[*8]づくりです。子どもに特化するといっても、結局のところ必然的に家族・家庭の問題につ

＊7　旭川学力テスト事件　一九五六年から一九六五年にわたり、文部省（当時）の指示によって全国の中学二・三年生を対象に実施された全国学力テストに対し、旭川市立永山中学校において、これに反対する教師たちが公務執行妨害罪などに問われた事件。

＊8　子どもにやさしいまち　子どもにやさしいまちとは、子どもの最善の利益を図るべく、子どもの権利条約に明記された子どもの権利を満たすために積極的に取り組むまち（市町村など）のこと。ユニセフは「子どもにやさしいまちづくり事業」を推進しており、子どもと最も身近な行政単位である市町村等で、子どもの権利条約を具現化する活動が行われている。その特徴は、〝まち〟の人々がみんなでみんなの〝まち〟をつくっていくこと、とりわけ、子どももまちづくりの主体、当事者として位置づけることにある。

くし、若者施策の問題にもいかざるを得ませんし……。

子どもの権利を強調する意味、子どもの育ちを支える者の権利

大豆生田：「こども」「子ども」「子供」と三つの使い方があることで、混乱もあるかと思います。さて、先生の論考で[*9]、「子どもの権利と子どもを支援する者の権利の両方が保障される必要がある」と記されていたことをうれしく思いました。私は、「幼児期までのこどもの育ち部会」委員（部会長代理）として、「幼児期までのこどもの育ちに係る基本的なビジョン（はじめの一〇〇か月の育ちビジョン）」[*10]の策定に関わりました。そこまでの議論のなかでも、「子育てをする人がこどもの成長の喜びを実感でき、それを支える社会もこどもの誕生、成長を一緒に喜び合える」等の内容を検討したんです。すなわち、親や保育者、支援者など、子どもに関わる人も社会から支えられることが必要だと考えています。このあたりについて、先生のこのお考えはどこから来ているのでしょうか。

荒　牧：まずはじめに、子どもの権利を強調する意味を四点挙げておきましょう。

最初は「そもそも論」です。そもそも子どもは権利の享有・行使の主体であるということ。言い換えると、子どもは権利をもっており使う主体であるということです。このことは独立した人格と尊厳をもつ主体であるということにつながりますし、一人ひとりが大切にされるという点は日本国憲法に示されている最も重要な箇所です。

多くの人はコルチャック博士[*11]の生涯についてご存じかと思いますが、そのコルチャック先生の言葉の一つに、「子どもはだんだんと人間になるのではなく、すでに人間であ

＊9　公益社団法人全国私立保育連盟（編）『コミックで発信★保育に活かす子どもの権利条約──「保育通信」より』エイデル研究所、二〇二二年、二三頁。

＊10　**幼児期までのこどもの育ちに係る基本的なビジョン（はじめの一〇〇か月の育ちビジョン）**　内閣官房において、二〇二二年七月から二〇二三年三月まで行われた「就学前のこどもの育ちに係る基本的な指針」に関する有識者懇談会を経て、二〇二三年四月二一日のこども家庭審議会において「幼児期までのこどもの育ち部会」の設置が決定された。翌五月より同年一一月まで、同部会で検討が重ねられ、「幼児期までのこどもの育ち」に着目し、すべての人と共有したい理念や基本的な考え方が整理され、二〇二三年一二月二二日に、社会全体の認識共有を図りつつ、政府全体の取り組みを強力に推進するための羅針盤として、「幼児期までのこどもの育ちに係る基本的なビジ

る」があります。そのためには自己肯定感（ありのままの自分を肯定的に捉え、自分が自分であって大丈夫と思える、自分を大切に思う気持ち）が重要です。もちろん子どもだけではなく、親・保護者、そしてみなさんの自己肯定感も大切です。

二点目として、子どもとの間に、「育てる―育てられる」、「教える―教えられる」、「支援する―支援される」という関係が構築されることがあると思いますが、その関係を一方的な関係にせず、常に子どもの権利ということを考えていくことが重要です。

三点目は、基本的に子どもの権利だけが保障されることはない、ということです。親をはじめ、子育て・保育・教育等に関わる人の権利や地位の向上が保障されなければ、子どもの問題を解決することにつながりません。だから子どもの権利と子どもを支援する者の権利の両方が保障される必要があるということです。これが子どもの権利の特徴でもあるんですよね。

四点目は、子育て支援は子ども支援につながらなければ効果があるとはいえないということです。子育て支援の究極の目的は、親・家庭のみならず子どもを支援するということでもあり、それにつながるということです。だから子どもを育てやすいというだけでなく、子ども自身が育ちやすいという点が重要です。

そして、このように「子どもの権利を強調する意味」を挙げる際に僕が常に自分に言い聞かせていることは、子どもをめぐる問題を政治的な争いの道具にするのではなく、政治課題にしていくということです。

ョン（はじめの一〇〇か月の育ちビジョン）」が策定された。

*11 コルチャック（Korczak, J.: 1878-1942）ユダヤ系ポーランド人。小児科医、児童文学作家、教育者。一九一一年からユダヤ人孤児のための孤児院「ドム・シェロト」の院長となり、実践と著作の両面から子どもの教育に力を注いだ。子どもの権利という概念の先駆者でもある。日本では、『コルチャック先生』（岩波ジュニア新書）（近藤康子（訳）、岩波書店、一九九五年）などで広く知られている。

しつけ観、教育観、指導観の問い直し

大豆生田：確かにおっしゃるように、子どもの権利条約は、子どもは守られる存在であると同時に、権利行使の主体であるということに大きな特徴がありますよね。

そのことについて、先にご紹介した論考内にもそのご説明がありますし、別の場で「しつけや教育といった指導の対象ではなく、主体であることを基本」としているとも記しておられます。[*12] ここで先生はおそらく、「しつけや教育」あるいは「指導」を従来の概念として対照的にお書きになっているのではないかと思います。

続いて、それは子どもを「かけがえのない存在として」捉え、関わることなのだと述べていらっしゃいます。賛同します。言い換えれば、「しつけや教育」「指導」は従来型の、「しつけられる対象」「教育される対象」「指導される対象」としての子どもではなく、自ら育とうとしている主体者としての、一人の人間としての子どもなのだということかと思います。

子どもの権利の視点に立てば、従来の子ども観への問い直しに加え、従来の「しつけ」観、「教育」観、「指導」観を問い直すことでもあるのかなと思いますが、いかがでしょうか？

荒　牧：その通りだと思います。子どもの権利から子どもを捉えるためには、トータルな子どもの捉え方が必要であるということを改めてさらに強調したいと思います。

よく「子どもは一人の人間」「子どもは子ども」「子どもは社会の一員・構成員」とい

＊12　荒牧重人「一人ひとりを、かけがえのない存在として——『子どもの権利』を考える」『げ・ん・き』第一五一号、二〇一五年、一三頁。

う観点から語られます。ですが当然のことながら、子どもは一人では大人になれません。親や周りの大人の支援が必要です。そして、この〝支援を要する〟という点を強調して子どもをもっぱら保護の客体と捉えたり、弱い存在と見なしたりするということは、一面的な子ども理解につながるかと思います。

では我々はどのように捉えたらいいのか。

基本は、「子どもは一人の人間である」ということです。違う言い方をすると、子どもは単なる保護や救済の対象ではなく、自らの人生の主人公であり問題解決の主体であるということです。つまり、しつけ・保育・教育・指導の単なる対象ではなくて、自ら選びながら成長していく主体として支援していくということが重要だと思います。もちろん成熟度・成長の度合いによって子どもは子どもという側面と、子どもは社会の一員・構成員であるという比重は変わってきます。

乳幼児は、子どもの権利条約に規定されたすべての権利をもっています。乳幼児は特別の保護の対象であるとともに、自分がもっている権利を行使する資格をもっているということです。乳幼児期に子どもの権利を保障するということは、その後の人生において、個人的・社会的・教育的な諸々の困難を防止する役割を果たすと国連・子どもの権利委員会も謳っています。

権利と義務の関係性——子どもがもつ力を信頼するか否か

荒　牧：これまでの話で僕は子どもの権利ということをずいぶん強調しましたけれども、

世論では多数派ではありません。「子どもの権利を強調すると子どもを甘やかすことにつながる」などの声は結構あります。でもそうした考えは、子どもをめぐる否定的な現状を子どもの権利に責任転嫁しているということではないでしょうか。大人の私たちは子どもに子どもの権利のことを伝えていません。また子どもは子どもの権利のことを十分に知らないし、発揮する機会がないのが現状ではないでしょうか。

また「子どもの権利も大事だけれど義務や責任も大事。義務や責任を果たしてから権利の主張をしなさい」ということもよく言われます。確かに子どもの権利ということに対応する義務はあります。でもそれはその子どもの権利を保障する義務であって、その義務の担い手は国・自治体や保育士・教職員・親等です。子どもの権利に対応する義務とは、それを保障する義務です。

「他者の権利を尊重しなさい」とも言われます。他者の権利の尊重は非常に重要なことですが、これを義務として捉えるのではなく、他者の権利を傷つけないように権利を行使するスキルを身につけることや、仮に他者の権利と自分の権利がぶつかり合う時には調整できるスキルや考え方を身につけることが重要だと思います。

あわせて言えば、「子どもの権利も大切だけども、大人や保育士・教職員の権利も保障してもらいたい」という主張もあります。子どもの権利と保育士等の権利を対立的に捉えると、両者の権利保障が進まないということはいえると思います。

また「子どもの権利は理想論であり建前で、実現は難しい」とも言われます。ですが、そもそも子どもの権利とは子どもの現実から出発しています。国際的には二〇世紀初頭の〝子どもを戦争や紛争の犠牲者にしない〟ということで出発していますし[*13]、日本では

＊13 第一次世界大戦（一九一四—一九一八）により、多くの子どもの命や権利が脅かされたことから、子どもの保護や福祉に対する国際的な関心が高まり、一九二四年に国際連盟より最初の子どもの人権宣言である「子どもの権利宣言（ジュネーブ宣言）」が採択された。

〝子どもを貧困から救い出す〟ということで子どもの基本的な権利の主張があったという歴史があります。[*14]

先ほども申しましたが、子どもの権利の基本は「いのちの権利」であり、「成長・発達に関わる権利」で、このことを否定する人はいません。僕は子どもの権利については、感情論ではなく具体的な場面での議論が必要であると自分に言い聞かせています。誤解を恐れずに言えば、子どもの権利を尊重し大切にしようとする人と、子どもの権利に否定的な人との別れ道は、究極的には子どもがもっている力を信頼しているかどうかであるというのが僕の経験上から言えることです。

社会を構成する一員――いまを生きる主体として

大豆生田：先生は、「子どもを未来の〝担い手〟に留めてはならない。子どもは、いまを生きる主体である。子どもを〝社会の宝〟に留めてもいけない。子どもは社会を構成する一員である」とも述べていらっしゃいます。[*15] これも、とてもうれしく読みました。

現在、子どもの重要性は「未来の担い手」「未来の社会の担い手」として説明されることが多くあります。いやいや、「未来の担い手」ではなく、いま、現在の社会の一員であり、すでに一市民であるという、先生のお考えに同感です。このあたりの理解が変わらないと、「未熟な小さな人」としての子ども観を脱却できないように思います。

荒　牧：よく「子どもは未来の担い手」と言われ、行政の文書でもよく出てきます。ここで強調しておきたいのは、未来を強調すると「いま」が出てこなくなるということなん

＊14　一九二四年（大正十三年）、賀川豊彦は、東京深川の児童保護講演会で、子どもが社会生活を為すための「子供の権利」について、次の六つを挙げている。①子供は食う権利がある。②子供は遊ぶ権利がある。③子供は寝る権利がある。④子供には叱られる権利がある。⑤子供は親に夫婦喧嘩を止めて乞う権利がある。⑥子供は禁酒を要求する権利がある。

＊15　公益社団法人全国私立保育連盟（編）『コミックで発信★保育に活かす子どもの権利条約――「保育通信」より』エイデル研究所、二〇二二年、二四頁。

ですよね。

子どもは単に未来の担い手ではなく、「いまを生きる主体」でもあるのです。「いまと未来の担い手」ということであればわかりますが。また「子どもは社会の宝」もよく出てきますが、社会の宝を強調すると「社会の一員・構成員」ということが後景にやられてしまいます。当然子どもは保育園の一員・構成員でもあるということです。このことも子どもの権利の「そもそも論」として覚えておいてほしいと思います。

子ども理解に通じる子どもの権利理解

荒　牧：ここで、子どもの権利がもたらすものについても言及したいと思います。言い方を変えると、子どもというものをどういうふうに捉えるかということです。子どもの権利とは、つまり、大人の子どもに対する見方・接し方を見直すことなんです。ここでは二つのことを強調したい。

一つは、理想の子ども像をつくらないことです。私たちは理想と目標を混同して、ついつい〝子どもはこうあるべきだ〟などと理想の子ども像をつくってしまいます。けれど、子どもにちゃんと向き合わないとその良さはわかりません。兄弟姉妹と比較をする、友達や理想像と比較をすると足りないものはわかりますけれども、その子どもがもっている良さやその子どもを形つくっているものは一人ひとり違うのでちゃんと接しないといけないわけですが……、実はなかなかに難しい。

また、誰もが子ども期を過ごします。ところがベテランの先生になると過去の自分自身のことや、これまでの実践の経験から「子どもってこんなもんだ」と思い込んだり決めつけたりします。子どもは一人ひとりが違うし成長の度合いも違うのです。すでに多くの心あるみなさんは心掛けているとは思いますが、親・保育士・教職員・大人がその権力や権威を振りかざすことなく、子どもの意見を丁寧に聴き、受け止めるということをしていけば、子どもは十分に力を発揮するのです。

改めて「子どもの権利条約」について

大豆生田：本当にそう思います。ここで改めてなのですが、「子どもの権利条約」の基礎・基本についておうかがいできますでしょうか。

荒　牧：子どもの権利について考える時には、国連が一九八九年に全会一致で採択した子どもの権利条約を考えることが重要です。ですが、条約というのは一般社会から考えると遠い存在でもあります。と同時に、条約はあらゆる活動の後ろ楯になるということも事実です。

子どもの権利条約は今や世界共通の基準、グローバルスタンダードといってよいものです。また、今日課題になっている「持続可能な開発目標（SDGs）[*16]」とも深く関連があります。

「人権条約」は国を拘束してその条約が定める対象となる人々の権利を保障しようとするものです。子どもの権利条約について、日本でいえば、法律を制定・改廃する国会と内閣をはじめとする行政、および最高裁判所をはじめとする司法を拘束し、子どもの

*16　SDGs　持続可能な開発目標（Sustainable Development Goals）の略称。二〇一五年九月の国連サミットで加盟国の全会一致で採択された「持続可能な開発のための二〇三〇アジェンダ」に記載された、二〇三〇年までに持続可能でよりよい世界を目指す国際目標。一七のゴール・一六九のターゲットから構成され、地球上の「誰一人取り残さない（leave no one behind）」ことを誓っている。

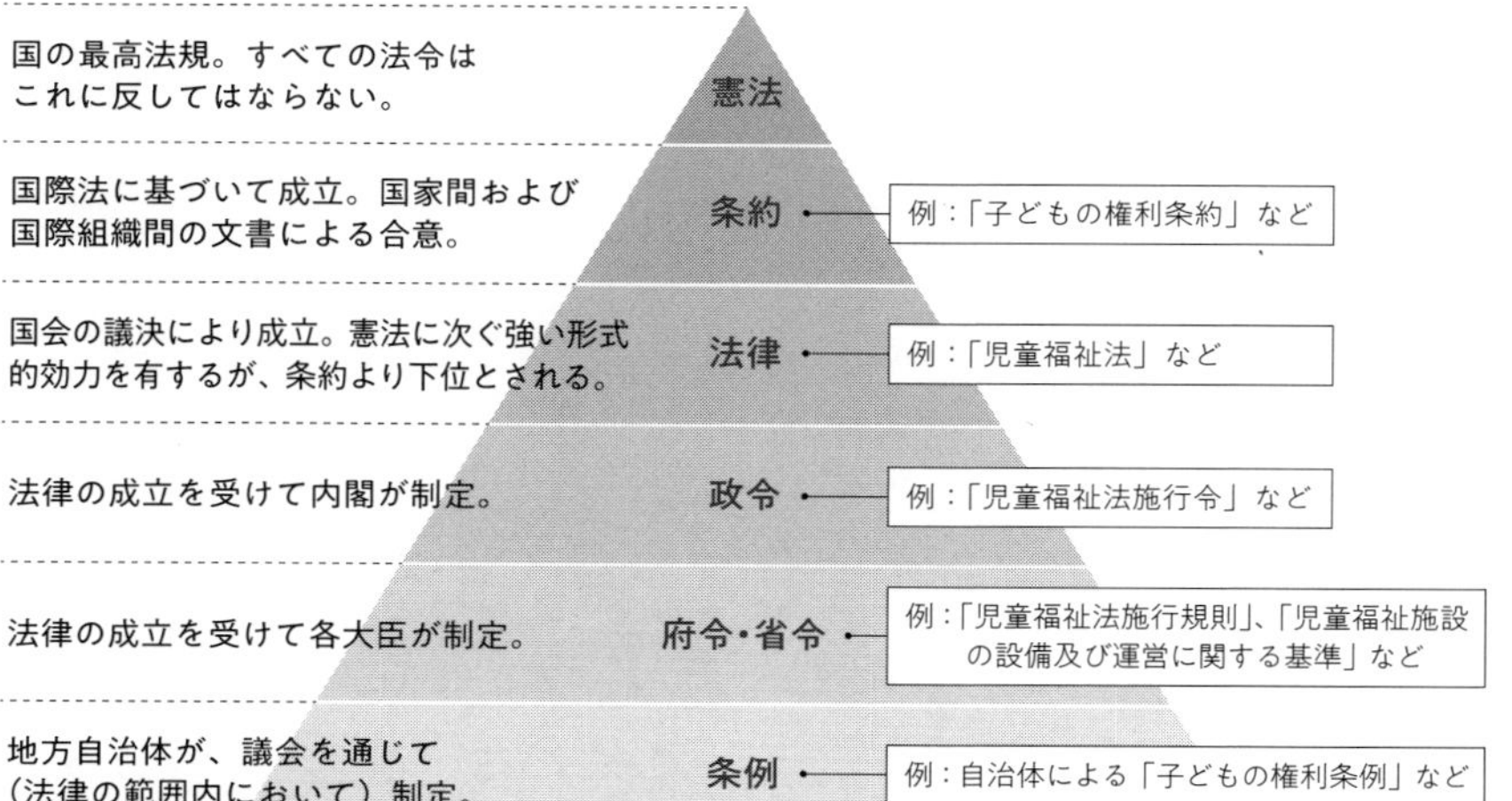

図　法の階層概略図

権利を保障しようとするものが条約なのです。

国の法における条約の位置づけとその保障内容

荒　牧：そして、改めて確認しておきたいのは子どもの権利条約をはじめ、いわゆる「条約」の法的な地位です（図参照）。日本国憲法よりは下位にあるけれども国会でつくる法律よりは上位の規範です。したがって条約に反する法律や行政は変えなければなりません。行政は法律に基づく組織ですので条約を実施する義務を負いますし、裁判所は条約を裁判規範として援用しなければならないのです。

さらに、ここで注意していただきたいのは、子どもに関連する法令は子どもの権利条約と適合的に解釈・

運用されなければならないということ。つまり、子どもの権利条約と一致しない法律や行政があれば変えなければならないというのが本来の役割です。

また子どもの権利条約は内容上、少なくとも先に説明したような子ども観をもっていますし、後で説明する「差別の禁止」「子どもの最善の利益の確保」「いのちの権利」「子どもの意見の尊重」ということを一般原則にして条約全体の解釈・運用指針にしているのです。さらに、国連で一〇年の歳月をかけて、人間として成長・自立していくうえで必要な権利を総合的に保障しているということが内容上、特に重要です。

そのことを具体的にいえば、私たちは親や地域・時代を選べずに生まれてきますよね。子どもも同様です。そして子どもの権利条約には、どこで生まれても、どこで生活しても、一人の人間として成長・自立していくために必要な権利が定められているんです。

その権利の背景には悲しいことに、守られるべき権利が守られていないという現実があります。同条約はその状況を可哀そうだとか恵まれない子どもをどうにかしないといけないということではなく、権利が保障されていないからこそ、その権利を保障していくという視点で捉えることが重要です。つまり「権利の主体としての子ども観」ということが大切です。

条約内容を改めて
――差別の禁止、子どもの最善の利益の確保、いのちの権利、意見の尊重

荒　牧：子どもの権利条約の内容を整理すると、「一般原則」、「親による養育、家族形

成・関係維持にかかわる権利」、「生存に主にかかわる権利」、「成長・発達に主にかかわる権利」、「特別な状況下での、または生存・発達を阻害する状況からの保護にかかわる権利」、「市民的権利」に分類されます。これはあくまでも参考で、どういうふうに子どもの権利条約というものを考えるかによって規定の分類の仕方は変わってくると思います。

条約の一般原則の説明をしておくと、一番目は「差別の禁止」ということです。これが権利の出発点です。古今東西、子どもは差別を受けやすい存在です。父母などの法定保護者も家族の構成員も、地位や活動、意見や信念によって子どもを差別してはならないとなっています。そういう意味で手厚い保障をしているのです。条約はすべての子どもに適用されるのですが、難民の子ども、障害のある子ども、マイノリティ・先住民の子どもは特別の規定を設けて権利保障をしています。

一般原則の二番目は、子どもの権利を考える時のキーワードである「子どもの最善の利益」ということです。このおおもとが一九二四年の国際連盟「子どもの権利宣言」（ジュネーブ宣言）です。その前文に「人類は子どもに最善のものを与える義務を負う」と書かれていることは衝撃的でした。しかしこの「最善の利益」の定義は容易ではありません。したがって子どもに関わる際には常にこのことを考え、この行為・取り組みは「子どもにとって最もいいことなのか」と意識することが大切だと思います。

国連・子どもの権利委員会は、「一般的意見14」（二〇一三年）[*17]で、子どもの最善の利益は三つのことを指すと述べています。①自分の最善の利益が常に評価されて、第一義的に優先的に考慮されるという意味、②基本的な子どもに関わる法的な解釈原理、③常に

＊17 国連・子どもの権利委員会「一般的意見14」二〇一三年。

子どもの活動において、子どもに関わる取り組みにおいて手続き的にちゃんと考慮しなければならない、の三つです。第一義的に考慮されるということは他のすべての考慮事項と同列ではないので、常に子どもにとって最もいいことかどうかを考えて実践行動をしなければならないということです。この子どもの最善の利益は子どもの意見の尊重とは密接かつ補完的な関係にあることが条約の新しい点です。つまり、子どもの意見を聴き尊重することなしに、権利の主体としての子どもの位置づけや子どもの最善の利益確保は図れないということです。これまで「子どものために」と言って、大人が子どものことを一方的に決めていたことの反省を迫っているのです。たとえばコロナ禍に置かれた際に、子どもの最善の利益確保の原則はきちんと果たされていたといえるでしょうか。

一般原則の三番目は「いのちの権利」。これは言うまでもないことです。いのちの大切さはずいぶん強調されますが、いのちということを教えるのであれば、「いのちの権利」というものをもっていることを教えると権利の問題はもっと身近になるのではないでしょうか。

四番目は「子どもの意見の尊重」です。

子どもの意見の尊重――子どもの声を聴くということ

大豆生田：子どもの権利を大切にするということは、子どもの声を聴くことでもありますよね。それは、大人や他者が多様な子どもの声に耳を傾けることの重要性。そして、言葉……、音声としての声のみならず、声には発せられない心の声（思いや願い等）にも耳を澄まして聴き入ることなのだともいえるのではないでしょうか。

そうした声を聴き合う場も大切ということで、最近ではさまざまな場で「子どもとのミーティング」や「サークルタイム」のような対話の重要性についても話しています。互いに多様な声を聴き合う関係性ですね。そして、それは同時にその声が社会に活かされるということも意味していると思います。

園での活動を考えれば、運動会などの行事でも、子どものアイデアが実際に競技になったりすることもあります。行事のみならず、日常的に「あなたはどうしたい？」が聴かれることだと思います。それは赤ちゃんのうちからでしょう。

さらに、それは国や自治体の政策決定にも反映されるものでもありたい。今後、それが進むでしょう。しかし、乳幼児などは上手に声（言葉）にできない側面もあるかと思います。さらに申せば、〝聞いたふり〟がなされる可能性もあるかもしれません。そういった状況を防ぐためにはどうしたらよいでしょうか。

荒　牧：おっしゃる通りですね。一般原則の一つが「子どもの意見の尊重」です。この一般原則も、国連・子どもの権利委員会「一般的意見12」（二〇〇九年）[*18]等を踏まえて理解する必要があります。従来は「子どもの意見の尊重」と称していましたが、国連・子どもの権利委員会は「子どもの意見表明権」としています。ただ意見を聴けばいいというのではなく、それを〝尊重する〟ことが重要だということですね。そして、〝尊重〟とは決して言いなりになることではありませんから、日々これらの問題も考えなければなりません。さらに、乳児も障害のある大人も子どもも意見をもっています。

この子どもの意見の尊重ということについて、「こども基本法」では、こども施策の

＊18　国連・子どもの権利委員会「一般的意見12」二〇〇九年。

策定・実施・評価にあたって子どもの意見を反映させるために必要な措置を講じなければならないとされ（こども基本法第一一条）、さらに、「こども政策推進会議」による「こども大綱」案の作成にあたっても子どもなどの意見を反映させるために必要な措置を講ずることにしているんです（同法第一七条第三項）。

子どもの意見の尊重（意見表明・参加の権利）保障のポイントとしては、常に権利であるということを意識することが重要ですね。子どもの意見を聴くことができる大人に出会えなければ、その子どもの意見が聴かれることがないということではなく、権利として常に保障されなければならないということです。

また権利として保障されるということであれば、意見表明・参加の制度や仕組みが必要です。日本社会では、子どもが意見表明・参加をする仕組みはどれほどつくられているでしょうか。

「子どもにはそんな力はない」と思ったら大間違いです。子どもは常にそういう力をもっているわけですから、子ども自身が使えるということと同時に、子どもが何らかの形で決定過程に関わる制度・仕組みが必要です。さらに、その制度・仕組みは頭のなかでつくり出すものではありません。不十分であったとしても、そのような制度・仕組みが必要であるということです。また意見表明・参加のための条件整備や支援が必要ですし、そこでは支援する側の自律性・民主制・風通しの良さなどが重要です。

子どもがどのような状況に置かれ、何を必要としているかは一人ひとり違いますから、子どもの意見[*19]を受け止め、耳を傾けなければ知ることはできません。乳児だって、泣いたり、むずかったり、笑ったりして、その意思・意向を伝えようとしています。子ども

＊19 この場合の〝意見〟とは広義の概念であり、意思・意向といってもよい（付記：荒牧）。

の意見を聴いて尊重することは、子どもの思いや願いに応え、子どもの最善の利益を確保するために不可欠です。

また、子どもは当事者であり、共に社会を構成し担っていくパートナーであるので、子どもの意見表明・参加のもとで、子どもと共に子ども支援を進めていくことは、それらをより効果的なものにするとともに、子ども自身の回復や成長にもつながります。

すなわち、もっともっと子どもを信頼する、あてにするということが必要であると思います。これができないと、「あやつり」「見せかけ」「飾り」の参加であるという評価を受けるでしょう。日々子どもを相手にしている保育者の方などはよくわかっていらっしゃると思いますよ。

「まちづくり」の観点から

大豆生田：先生は、「子ども施策は現在でも子育て支援に焦点化されているが……子どもを育てやすいまちというだけではなく、子どもが育ちやすいまちという視点が大切[20]」と述べておられます。とてもうれしく思いました。

子育てしやすく、子どもが育ちやすいまちづくりが必要だというご指摘、大賛成です。しかし、現在の政策論議の多くが、矮小化された少子化対策に留まり、子どもへの視点が弱いように思われてなりません。それを乗り越えるために私たちがどのような論理で説明していくのがよいでしょうか。

荒　牧：「子どもにやさしいまちづくり」について紹介しておきましょう。

＊20　公益社団法人全国私立保育連盟（編）『コミックで発信★保育に活かす子どもの権利条約――「保育通信」より』エイデル研究所、二〇二二年、二四頁。

この捉え方や概念は、子どもの権利を実現する一つの方法として、子どもの育ちを、保育および保育園を「まち」全体のなかに位置づける、位置づけ直そうということです。

この考え方は、子どもがダメ、親・家庭がダメ、保育士／園・学校／教職員がダメ、地域がダメというような視点と対応を越えて、まちづくりのなかにこども施策・取り組みを位置づけ、子どもが共に育つまち、子どもと共に育つまちをつくっていこう、まち全体で子どもの育ちを支えていこうということです。それは日本の伝統である、地域で子どもの育ちを支えるということにつながります。そして、「子どもにやさしいまち」とは……、すなわち、すべての人が生きやすいまちです。

ユニセフは「子どもにやさしいまちとは、子どもの権利条約を実現する、実現しようとするまちである」として、世界中の自治体に呼びかけています。これをユニセフという国際機関が謳っている点が重要です。

まちづくりの基本理念

荒　牧：続けてお話ししますと、その基本理念は、先に述べた子どもの権利条約の四つの「一般原則」です。そしてその鍵となる要素として、二〇〇四年には次の九つが挙げられていました。[*21]

1．子ども参加

自分たちに影響を及ぼす問題への、子どもたちの積極的参加を推進すること。

＊21　UNICEF Innocenti Research Centre (2004). *Building child friendly cities: a framework for action*.（平野裕二（訳）「子どもにやさしいまちづくり――行動のための枠組み」二〇〇四年。）

意思決定プロセスで子どもたちの意見に耳を傾け、それを考慮に入れること。

2. 子どもにやさしい法的枠組み
すべての子どもの権利を一貫して促進・保護する立法、規則の枠組みおよび手続を確保すること。

3. まち全体の子どもの権利戦略
子どもにやさしいまちづくりのための詳細かつ包括的な戦略ないし課題文書を、条約にもとづいて策定すること。

4. 子どもの権利部局または調整のしくみ
子どもの視点が優先的に考慮されるようにするための恒久的体制を地方自治体のなかで発展させていくこと。

5. 事前・事後の子ども影響評価
法律・政策・実務が子どもたちに与える影響を、事前に、実施中におよび実施後に評価するための制度的プロセスを確保すること。

6. 子ども予算
子どものための十分な資源配分と予算分析を確保すること。

7. 定期的な自治体子ども白書
子どもたちおよび子どもの権利の状況に関する十分なモニタリングとデータ収集を確保すること。

8. 子どもの権利の周知
おとなおよび子どもの間で子どもの権利に関する意識が根づくようにすること。

> **9. 独立した子どもアドボカシー**
> 子どもの権利を促進するため、非政府組織の支援、独立の人権機関——子どもオンブズピープルや子どもコミッショナー——の設置を進めること。

ですが、日本の現状からすると、少なくとも、基本理念に「多文化共生・少数者（マイノリティ）の権利」を、また、鍵となる要素に「子どもの居場所」を追加する必要があります。多くの自治体では、何らかの取り組みはしているでしょうけれど、全面的に取り組んでいる自治体は少ない。日本では総合的な条例をつくって推進している自治体[*22]もありますが……。

そして現在は、以下のような点を、日本ユニセフ協会は、「日本型子どもにやさしいまちの構成要素」として強調し、二〇二一年より正式に取り組みが開始されています[*23]（基本的には先に述べた事柄とほぼ同様です）。

> **1. 子どもの参画**
> 子どもの意見を聞きながら、意思決定過程に加わるように積極的参加を促すこと。
>
> **2. 子どもにやさしい法的枠組み**
> 子どもの権利を遵守するように法制度的な枠組みと手続きを保障すること。
>
> **3. 都市全体に子どもの権利を保障する施策**
> 子どもの権利条例に基づき、子どもにやさしいまちの詳細な総合計画と行動計

＊22　総合的な条例をつくり推進している自治体については、子どもの権利条約総合研究所のウェブサイト参照。

＊23　日本ユニセフ協会「ユニセフの子どもにやさしいまちづくり事業」。

画を定めて実施すること。

4. **子どもの権利部門または調整機構**
子どもたちの将来を見据えて、地方自治体の中に優先すべきことを保障する永続的仕組みを構築すること。

5. **子どもへの影響評価**
子どもに関わる法律や施策、そして事業について実施前、実施中そして実施後に子どもへの影響を評価する制度化された手続きが保障されること。

6. **子どもに関する予算**
子どものために適当な資源と予算が使われているかが調査されることを保障すること。

7. **子どもの報告書の定期的発行**
子どもたちと子どもの権利についての実情について十分なモニタリングとデータ収集が保障されること。

8. **子どもの権利の広報**
大人や子どもの間に子どもの権利について気づくことを保障すること。

9. **子どものための独自の活動**
子どものオンブズマン、子どものコミッショナーなど、子どもの権利を促進するために活動しているＮＧＯや独立した人権団体の支援をすること。

10. **当該自治体にとって特有の項目**
人口、産業形態、地理的状況など、自治体固有の課題や強みを考慮して設定した取り組みを推進していくこと。

おしまいに――「不適切な保育」について考える

大豆生田：子どもにやさしいまちづくり、進めていきたいですね。その一方で、近年、不適切な保育の問題が次から次へと報道されています。とても悲しく思う一方で、子どもの権利をめぐって考えるべき課題はとても大きいと思っています。私個人としては、多くの現場は社会からリスペクトされるくらい、子どものための保育をなさっていると思っています。そして、多くの園では、子ども主体の保育を目指し、保育の質向上に向けて動いてきたと思っています。

しかし、その一方で、まだまだ子どもは未熟で厳しく管理し育てなければいけないという古い子ども観・保育観から脱却できないでいる実態があるのだと思います。そうした古い子ども観・保育観が明るみに出てきたのではないでしょうか。逆にいえば、やっと社会からもそれが問題だという眼差しが向けられるようになってきたともいえるのです。子どもへの人権意識が広がってきたとも言えるのではないでしょうか。先生はこの問題をどのようにお考えですか？

荒　牧：「保育の現場は社会からリスペクトされるくらい、子どものために保育をなさってきた」と僕も思いますし、「子ども主体の保育を目指し、保育の質向上に向けて動いてきた」と理解しています。

しかし、「古い子ども観・保育観」をもっている方もいらっしゃるのが実情でしょう。だからこそ、これまで強調してきたような「子ども観」や「子どもの権利」という視点や方法が大切なのだと思います。

子どもを一人の人間として見て、人格や尊厳のある主体と見て、その権利を保障する。理想論と思われるかもしれませんが、保育や教育で理想を追い求めなくなってしまうと、それはあらまほしい（こうありたいと願う）保育や教育とは異なるものになってしまうのではないでしょうか。究極的には我々には、もっと子どもを信頼する、〝あてにする〟という意識（認識）が必要であると思っているんです。

荒牧重人先生との対談を終えて

「不適切な保育」の背後にある「古い子ども観・保育（教育）観」

この対談の最後に、大きな社会問題となっている「不適切な保育」について触れました。荒牧先生も私の問いかけに対して、「古い子ども観・保育観をもっている方」がいる現状を指摘されています。

子どもの権利や人権に関する研修はあまり人気がないといわれます。しかし、子どもの人権や権利をどう捉えるかにこそ、保育の質の根幹があるのだと思います。荒牧先生は、「子どもを一人の人間として見て、人格や尊厳のある主体と見て、その権利を保障する」ことを保育の理想論としないことを述べています。保育も学校教育もどこかに「こうあるべき」「こうあらねば」といった「ねば・べき」が根強くついてまわります。厳しくしつけないとわがままな子に育つ、みんなと同じようにできるようにしないと将来困る、等々がそれです。大人が決めたルール（校則や決まりごと）でがんじがらめになっていて、大人の指示に従って黙って動ける子がよい子と捉える現状もあります。「あなたはどうしたい？」が子どもに聴かれないことが当たり前の社会だったりもします。なぜなら、子どもは未熟な存在だからという古い子ども観・保育（教育）観に深刻なくらい縛られているからです。荒牧先生がこのように子どもの人権を主張する立場は必ずしも「多数派ではない」と述べられていることからもこの深刻さが浮き彫りになっています。

こども家庭庁創設の意義と課題

だからこそ、こども基本法が成立したことはわが国にとって大きな前進だといえるでしょう。そして、こども家庭庁の役割も大きいと考えます。荒牧先生はこども家庭庁が「これまでバラバラに取り組まれていたこども政策を一括して推進し、切れ目のない支援につなげるのがねらい」であることを評価しつつも、その課題の一つとして「かねてより懸案であった、子ども期の教育については従来通り文部科学省が担うことになり、幼保一元化も見送られ」たことを指摘されました。先に述べたように教育の場が子どもを一人の人間として尊重する場になり得ているかに大きな課題があることは確かです。また、子どもの問題の多くが、いじめや不登校など学校と関連しています。だからこそ、ますます両者の連携が重要となるでしょう。幼保一元化できるかどうかは制度的な大きな壁がありそうですが、幼稚園と保育所、認定こども園、どこであっても子どもの人権を基盤とした同じ教育・保育が保障されるような検討が進められるべきでしょう。

二〇二四年、私も委員として参画させていただいた、文部科学省の「今後の幼児教育の教育課程、指導、評価等の在り方に関する有識者検討会」において、幼稚園関係者のみならず、認定こども園および保育所関係者が共通のステージに立って議論がなされました。そこでは、一体的な方向性に向けた一歩が動き出していることを実感しました。制度的にはさまざまな課題があるにせよ、そこに向けて動き出していることを実感しています。

オンブズパーソンの必要性

さらに、大きな課題としてオンブズパーソンの必要性について語られていました。オンブズマンや子どもコミッショナーともいわれます。確かにご指摘の通りです。今後、継続して検討していく必要があると考えます。また、自治体によって、オンブズマンあるいは子どもコミッショナーを創設する動きもあります。このような、先進的な自治体での取り組みが他の自治体にも広がり、オンブズパーソンを位置づける方向性が草の根的に動き出すことを願います。だからこそ、取り組んでいる自治体の具体的な意義や課題等が共有される場が広がることが不可欠です。

子どもにやさしいまちづくりへ

今後、自治体において、子どもにやさしいコミュニティづくりがなされるかが大きな鍵です。子ども条例の制定や、政策への子どもの参画や子どもの声の積極的な反映、子どもの居場所づくり、オンブズパーソンの設置等々、自治体単位で動き出すことが期待されます。特に出産前から乳幼児期は、園が地域の拠点となって、「こどもまんなか」のコミュニティづくりの拠点となることを期待したいです。それは、多様な地域の人が出入りするような拠点ともいえます。子どもの主体を尊重するプロの保育者がいる園と、地域の人との関わりを通して、みんなが多様な子どもやその子育てや保育・教育を応援していくネットワークの形成ともいえるでしょう。

今後、進んでいくであろう多機能化する園の重要なポイントは、単なる個々の園の経営の論理に閉じず、子どもにやさしい持続可能なコミュニティ形成につながることだと思います。そうしたコミュニティ形成が結果的には、子どものためだけではなく、「すべての人が生きやすいまち」につながるのです。「こどもまんなか社会」は、すべての人が生きやすい社会づくりなのだと思います。

聞き手・木村の〈視点〉

荒牧 重人×大豆生田 啓友

「子どもの権利・子どもの人権」を座右の銘として

本対談は、期せずして「こども基本法」が成立・施行された絶妙な時期に行われた。荒牧先生は「権利」の考え方を説き、対する大豆生田先生は自身が巡っておられる保育現場や子どもの育ちの実際を語る。そうして、「こども基本法」成立・施行を喜びつつも、さらに望ましい取り組みについても語られる。曰く、子どもオンブズパーソンの設置、そして、「子どもにやさしいまち」づくり……。

荒牧先生も大豆生田先生も、子どもを一人の人格ある存在として認めていきたいという志向性に微塵も違いはない。さらに申せば、荒牧先生曰く、「我々には、もっと子どもを信頼する、“あてにする”という意識（認識）が必要であると思っているんです」。どんなに幼い子であってもその心の声に耳を傾けていく姿勢については、苫野先生との対談内（本書「3　苫野一徳×大豆生田啓友」）でも語られている。

今回、本対談集をもって広く子どもに関わる方々に、子どもの権利についての考え方や子どもの権利条約についての知見の一端が改めて届くことをたいへんうれしく喜ばしく思う。

というのも、「子どもの権利（条約）」に係る活動団体は多くあり、研究対象となさる研究者の方々も多くおられるが、この島国が「子どもの権利条約」を批准してから30年の間、「子どもの権利」への関心は期待されるほどには高まらず、活動や研究に尽力なさっておられる方々の声は、一般社会へなかなか届いていかなかったようにも感じられるからである。

実際、小学校～高校の先生方への「子どもの権利」に関する調査では「子どもの権利条約の内容までよく知っている」は全体の21.6%だったものの、「子どもの権利条約をまったく知らない」「名称だけは知っている」という方々は合わせて30.0%という報告もある[*1]。また、子どもの権利（条約）について学ぶ単元はあっても、その意義や歴史および自身の生き方に照らし、いかに考えるかというよりも、「第○条の内容はどれか、条文を線で結べ」といった試験問題が出されるような取り組み例もあるという。

確かに「権利」という用語はいかにも堅苦しい音感であり学ぶに難い概念かとも思われる。また、「権利を主張するならば子どもも義務を果たせ」といった論旨の捩れた論調が未だに払拭されない現実もある。そういった現実といかに対峙していくか。この短い対談に込められたお二人の願いが、広く、子どもと共に在る大人に届いていくことを願わずにいられない。

＊1　セーブ・ザ・チルドレン
「学校生活と子どもの権利に関する教員向けアンケート調査結果」2022年。

秋田 喜代美

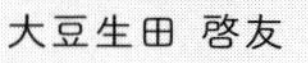

大豆生田 啓友

8

保育・幼児教育の未来を語る

ウェルビーイング、クリエイティビティ、スロー・ペダゴジー……

秋田 喜代美 Akita Kiyomi

学習院大学文学部教授、東京大学名誉教授。専門は、教育心理学・保育学。東京大学大学院教育学研究科博士課程単位取得退学。博士（教育学）。立教大学文学部助教授、東京大学大学院教育学研究科教授、東京大学大学院教育学研究科附属発達保育実践政策学センター初代センター長などを経て、現在。こども家庭庁「こども家庭審議会」会長、文部科学省「教員養成部会」部会長、文部科学省「教育課程部会」副部会長。東京都「こども未来会議」座長。主著 『遊び・学びを深める日本のプロジェクト保育』（監著、中央法規出版、2024年）、『人はいかに学ぶのか』（監訳、北大路書房、2024年）、『保育の心もち』（単著、ひかりのくに、2009年）など。

大豆生田：制度的にも大きく動くこの時代において、秋田先生は国際的な動向に関わる形で日本を代表してくださっています。だからこそ、日本のことが〃外〃から見えてくる側面もたくさんあろうかと思います。今回は、現状から日本の保育の未来という話をうかがえたらと願っています。

キーワードの一つ＝スロー・ペダゴジー

秋　田：制度の変革を今どう見るか。一つは「デジタル化（DX）が、保育をどう変えていくと考えるのか」です。その一方で、「スロー・ペダゴジー」[*1]でしょうか……。一〇年ぐらい前からアリソン・クラークの著作は読んできましたが、二〇二二年一二月に刊行された"*Slow knowledge and the unhurried child*"[*2]という本があり、同書のなかで大事にされているのが「スロー・ペダゴジー」という考え方です。今回は、「スロー・ペダゴジー」という視点を踏まえて、改めて日本の保育・幼児教育の可能性や良さという話ができたらと思っています。

大豆生田：欧米などでは、スローライフ、スローフードなどの大きな運動がありましたね。その文脈でのスローな教育でしょうか。

学校教育も含めた保育・子育てについては、今は、制度的には大きく変わっていく動きのなかにあります。ですが、これまでの在り方をいかに見直していけるかという点では、具体的には難しい局面もあるかと感じています。

小学校以降に関しても従来の学校のシステムについては、ある種の限界を乗り越えて

＊1　**スロー・ペダゴジー**　近年、ファスト（迅速）でどんどん情報が加速化していく社会の急激な変化のなかで、子ども時代も「加速化」している。このような状況に対して、アリソン・クラーク（Clark, A.）氏は、乳幼児期の「時間」を問い直し、加速化の流れに対抗する「スロー・ペダゴジー（slow pedagogy）」「スロー・ナレッジ（slow knowledge）」の価値を主張している。

＊2　Clark, A. (2022). *Slow knowledge and the unhurried child: Time for slow pedagogies in early childhood education.* Routledge.

なお、同書の翻訳書は、二〇二五年に北大路書房から刊行予定。

いく必要もある。そういう今、何を、どのあたりをキーに考えていったらいいでしょうか。

秋田：急激な予想以上の少子化、人口減少が起こっている状況です。人口が減っているなかでも、子どもたちの多様な育ちに対する課題は、現実的なニーズも含め増えてきています。その点は、乳幼児期も、小学校以降も同じでしょう。

「個別最適な学びと協働的な学び」[*3]などの政策の方向性もそうですが、子ども一人ひとりの育ちや学びのペースの一層の重視が、次期「学習指導要領」改訂の議論のなかでも大事なポイントになっていくと考えています。

そうしたなかで、一人ひとりの子どもたちが、生涯、「今ここ」がウェルビーイング……幸せであると同時に、生涯にわたって幸せであり、かつ、持続可能な社会のつくり手になるために何が求められるのか。それが、大きな議論のテーマだろうと考えています。

特に保育の領域では、量の拡大を第一義に、より多くの子どもたちが入園できるということを重要視せざるを得ない時代がありましたが、今は、全国では八五％以上の地域に待機児童がいなくなっています。[*4]

すでに全国の市町村の半数以上が過疎地域に指定されている状況において、[*5]すべての子どもが可能性を引き出せるような公正で包摂的な教育はどう在りたいか。また、〇、一、二歳で就園する子どもが増えている一方、ご家庭で育っているお子さんたちは子ども同士でつながる場が減ってきている状況を今後、どのように考えていくべきなのか。子どもたちは未来をつくり、希望を生み出す存在です。であればこそ、私たちがどのよ

*3 **個別最適な学びと協働的な学び** 二〇二一年一月に中央教育審議会から出された『「令和の日本型学校教育」の構築を目指して――全ての子供たちの可能性を引き出す、個別最適な学びと、協働的な学びの実現（答申）』（いわゆる「令和答申」）において示された、これからの学校教育のキー概念。詳細は以下の文献参照。

奈須正裕・伏木久始（編著）『「個別最適な学び」と「協働的な学び」の一体的な充実を目指して』北大路書房、二〇二三年。

*4 二〇二三年四月時点では、約八六・七％の市区町村（一五一〇自治体）で待機児童なしとなっている。こども家庭庁「保育所等関連状況取りまとめ（令和五年四月一日）」の概要資料より。

*5 総務省「令和四年度版過疎対策の現況（概要版）」二〇二四年。

うに制度と政策を考えていくのかという問題は極めて大きいと言わざるを得ません。

そういうなかで、「こども基本法」[*6]が制定されました。「子どもの権利」を基盤にこの国で子どもに関する基本法が制定されたことは極めて意義深いと考えています。具体的な制度施策はいずれ変わっていきますが、「こども基本法」の理念は変わりません。「理念は何を目指すのか」という点が、今、最も基本的に考えられなければいけないところでしょう。

大豆生田：取り組みのスローガンとなっている〝こどもまんなか社会[*7]〟という発想が語られ始めたということが、大きな動きであろうと思っています。子ども一人ひとりの権利に光を当て、それは「子ども主体」と言い直してもいいかと思いますが、実は、子どもの権利という考え方はずっと語られてきたことでもあったはずです。

「子ども主体」と「遊び」のなんたるか

秋　田：海外と比較しますと、韓国では、二〇一九年一二月一六日に、「子どもの遊ぶ権利を保障するための遊び革新委員会・第一次会議」が開催され、各関係部署（保健福祉部、教育部、行政安全部、文化体育観光部等）、有識者、児童関係団体（「韓国保育振興院」と「子ども権利保障院」を含む）および市民連帯等の多様な関係者が参加しました。さらに近年、「全ての子どもが保護の対象を超えて人格が尊重され、次世代の主体として成長する社会づくり」のための「子ども基本法」の制定に向かって取り組んでいます[*8]。

日本は現行の「幼稚園教育要領」等から考えますと、「主体的・対話的で深い学び」

＊6　**こども基本法**　本書一七一頁参照。

＊7　**こどもまんなか社会**　本書一三二頁参照。

＊8　崔美美・秋田喜代美「日韓における『子どもの権利』をめぐる政策の動向――保育所保育指針と保育士キャリアアップ研修に着目して」日本乳幼児教育学会第三二回大会、口頭発表、二〇二二年。

という、「学び」は重視していますが、私たちが乳幼児期に最も子どもたちに保障したいのは、「遊ぶ子ども」であり「内から育つ子ども」……、それをエージェンシーとも呼ぶわけです。そういう、「遊びたいという意志」をもって遊ぶ……、面白がって遊べる子どもの育成が想像以上に重要になると思うんです。子ども自身が「遊ぶ」ことと、大人の関わりに依るなどして「遊ばされている」ことの時間の流れとはまったく異なります。子ども主体の「遊ぶ」は、大人が思っているような「遊ぶ」ことと同じではない。たとえば、園庭で、担任の先生は子どもたちに集まってほしいのに、ある子はそこにいる虫が気になっている、あるいは、当番活動していてもひたすら虫を見つめ続けている子どもがいる。その子自身がとことん満足したら、スッと子ども集団に入ってくるわけですけど、そこまで待てるかどうか。

そういった、子どもの心情や目線に立って、「好き！」や「ワクワクして面白い」という〝経験の質〟から子どもの園生活が考えられるかどうかという点が非常に重要かと考えています。

実は「子ども主体」「子ども中心」という言葉はよく使用されていますが、多義的で非常に危ない面も含むと私は考えています。みんな「主体的です」「子ども中心です、子ども主体です」と言うけれども、実際の保育を見ると、そのなかにもさまざまな質の違いがある。子どもの心情や目線から見た〝経験の質〟については、一見すると同じ活動のようでも専門家でないと見えない一人ひとりの子どもの心情から見る経験の質の部分の違いがあると思うのです。そういう見えない部分に気づくことを考えたい、保育者の遊びにおける個々の関与への気づきというお話を私自身はよくしています。

子どもの遊ぶ権利を保障するということは、単に遊ぶ時間を与えることだけではない。子どもそれぞれのペースで、その子ども自身がワクワクし生き生きと可能性を発揮して遊びに浸る瞬間を、いかに保障するかということだと思うんです。現場の先生方はどうしても限られた時間に急かされるという制約に悩んでおられたり、苦しんでおられるのだろうなぁと思っているところです。

大豆生田：日本の保育の伝統のなかでも、遊びを保育の中心に置こうという考え方はずっとされてきたかと思います。ですが、「遊び」ということを考える時に、二重の側面があるように考えています。

一つは遊びそのものが目的という意味合い、そして、遊びが学びにつながるところの「遊び込む」という意味合い、この二重性があるかと思っています。もちろん、これらは混然一体として捉えることができるものですが。日本の幼児教育は「遊びを通しての総合的な指導」つまり、遊びを通して乳幼児期の大切なことを総合的に学ぶのだと考えてきたのだと思います。

その一方、保護者に「遊びが学び」であることが十分に伝わってきたかというとそうではない実態が多いのではないかと思います。説得力をもち得てこなかったということですね。今後、遊びが学びであることの見える化が課題だと思います。[*9]

秋田：「遊び込む」という点について、荒尾第一幼稚園が作成された動画をお見せしましょう。運動会の一シーンを撮った動画[*10]です。

〈動画を視聴〉

＊9　文部科学省では、「遊びは学び　学びは遊び　〝やってみたいが学びの芽〟～『やってみたい』から始まる学びの芽（知識・技能や思考力等の基礎、学びに向かう力）の育成」という動画を作成し理解促進を図っている。

＊10　荒尾第一幼稚園「壊れたホウキを筆にして書道！『うんどうかい』」（二〇二二年一〇月一日）。

壊れたホウキで子どもが遊び始めて、字を書いている。「掃いていたホウキでいけるんじゃない？」と、「うんどうかい」と墨で字を書いた。みんなで協力して書いて、飾られて運動会をする。運動会という行事について、日本はいろいろ工夫してきていますよね。

でも、日々の子どもたちの遊びとつながったりいろいろな工夫をしながら取り組んでいる園と、毎年ルーティンで「うちはこういう運動会をします」と決めている園があります。どこに力点を置くかというのは、園の保育理念によっていろいろな考え方があるかとも思いますが、この例でいえば、「うんどうかい」と書いてつくった子どもの着想と思いがあります。また、この動画を保護者向けに運動会前に流し共有しているんですけど、これによって保護者にも「この子たちがこんな発想で……」と見えてくる。つまりは、園の保育理念と子どもの行為やその足跡の「見える化」につながってくるように思います。

保育現場における「発想の転換」
——「循環型社会」「自然共生型社会」へ

秋　田：また、この壊れたほうきという発想がいいですよね。私は最近、子どもたちが環境や物とどのように出合う保育ができているかということを、「循環型社会」「自然共生型社会」として、保育者がいかに意識しているかと、いろんなところでお話しています。[*11]

この例でいえば、〟壊れたからいらないホウキ〟かもしれませんが、子どもたちと保

＊11　東京大学大学院教育学研究科附属発達保育実践政策学センター園庭調査研究グループ「循環と保育——持続可能な園の暮らしに向けて（ブックレット）」二〇二四年。

育者によって、「これ、使える！　面白い‼」「字が書ける！」となる。廃品を弁別活用し「自然環境保護でＳＤＧｓです」とは違うところに、さまざまな工夫や、その地域や園での面白い素材の使い方やクリエイティビティが含まれて子どもの目線から新たな物の循環が生まれている。

私は、それが日本の保育が取り組んできた重要な側面であり、そこに面白さと〝質〟があるかと考えています。

小学校の「生活科」を考えますと、朝顔は、一人一鉢の教材で育てますよね。「朝顔の栽培」という取り組みは失敗なく、誰もがみんな「育てました」という経験が得られます。ですが、園で保育として大事にしている経験を考えた場合、「種を蒔いたのに芽が出てこない、どうしよう」……、そこで図鑑などを見た子が、「先生、種の蒔き方が悪かった？」「日当たりが悪かった？」……、「だったら、もう一回やってみようか」……となるのではないでしょうか。

もちろんその分、その取り組みに余計な時間はかかっていきますが、そのなかに、植物の本質の理解につながる〝経験の質〟がある。子どもにとって忘れられない経験になっていく。

先生がお膳立てして「これはしました」という取り組みの多くが一通りなのに対して、幼稚園・保育園・こども園では、「今年は何の野菜を蒔こう」「お兄ちゃんお姉ちゃんが育ててくれたひまわりや朝顔の種を、もう一回今年も蒔こうね」と、園の文化が生む年度を超えた〝循環〟のなかで育てていける。それこそ、〝教育の質〟が違うと私は考えています。

そういう循環を、今後意識しながら取り組んでいくことが大事だと思います。実は、飼育栽培の知識について、「栽培の知識が身についています」「育てました」というレベルで考えればどこも変わりはないんです。でも、そこにどれだけ子どもの発想や面白さが入るか。創造性、クリエイティビティが入るか。そこにこそ、一人ひとりのもち味やその子らしさが生きる「主体性」が存在し得るのではないかと考えています。

私自身は、保育の現場におうかがいしますと、「こんなに面白いことがありましたよ」とお話ししながら「教育の質・保育の質ってなんだろう」と常に先生方に問いかけています。

「(保育の質)評価スケール」や一般論は語られるけれども、保育現場にいらっしゃるみなさんがもっとこだわっていることがあるはずです。その地域にしかない場があって、文脈があって、それをいわば〝エコシステム〟と私たちは呼んでいるんです。そういった地域の生態的エコシステムのなかに園があり、だからこそ子どもも面白く発揮できるような、そういう遊びや暮らしが保障できるといいなと願っています。現場にはもっと面白いものっていろいろあるんです。さまざまな園でそういった話を聞くと、ワクワクしますよね。

もう一つ動画をご紹介しましょう。[*12]

〈動画を視聴〉

我々はよく「子ども目線」と言いますが、実は〝目線〟を子どもと同じにしていなかったと改めて思います。この動画は、おもちゃの電車の上にアクションカメラを載せて

＊12　荒尾第一幼稚園「廃材とプラレール【年中組】電車は一台、みんなで遊ぶ。」(二〇二二年九月一七日)。

いる。面白いですよね。子どもも保育者もみんな夢中になっています。

私は「ＩＣＴを活用しましょう」「デジタル化をどう考えましょう」というよりも、先生が「やってみたい」と考えるなかに、子ども目線の面白さが見えてくると考えています。

大豆生田：「循環型社会」「自然共生型社会」という視点。これからの保育・教育のまんなかに据えたい視点です。[*13] また、日本は、昔から空き箱や廃材などを活用する文化はとても豊かだったかと思うんです。廃材をフル活用している子どもたちが面白いのは、「これで何かつくれるんじゃないか！」という発想ですよね。

以前、東京・東村山の園で「本当に飛ぶロケットをつくる」という取り組み[*14]がありました。自分たちでロケットの設計図を描いて、空き箱や、ペットボトルなどでつくれるのではないかと協働的に試行錯誤する実践です。日頃から、自分たちが考えたことに対して、手応えがあったり、認められたり、他の子と共有する機会があったり、そこから何かが生み出せるというような自信みたいなものがある。ああいう子どもたちはおそらく家に帰ってもずっとものづくりをやってるんですよ。幼児がしているこうした遊びのなかの「ものづくり」とは単なる工作ではなく、何かを生み出すようなアートであると同時に、創造的な活動であり、「学び」そのものです。

最近、横浜の小学校の取り組みにも出合っているんですが、たとえば二年生が、図工で色水に取り組む。子どもたちは幼稚園・保育園でやったこともあったから色水は面白いことを知っている。子どもたちの発案で、絵の具から何色の色水が生み出せるかやってみたいと声があがるのです。そうしたら、先生は、透明のプラカップを一〇〇〇個も

＊13 「循環型社会」「自然共生型社会」を保育に取り入れた視点として、以下の書籍がある。
小西貴士・大豆生田啓友『ＳＤＧｓ時代の保育実践アイデア帳』フレーベル館、二〇二三年。

＊14 つばさ保育園（ＮＰＯ法人東村山子育て支援ネットワークすずめ）の取り組みで、ソニー教育財団が行っている「ソニー幼児教育支援プログラム」の「二〇一九年度 優秀園審査委員特別賞」を受賞。

用意して、子どもたちは微妙に色の違う色味を無限大につくり始めたのです。その興味・関心を生活科の学習につなげていきます。その時に、その小学校の担任の先生は、近隣の保育園の先生に聞きに行くんです。「保育園でどういう色水遊びをしましたか?」って。なかでも、食紅が興味深かったらしく、食紅で生活科につなげていこうと、いろいろ工夫を始めるんです。まさに、小学校と園の連携・接続が生まれています。

そこから広がっていって、さらには、インクはどのように水中で広がっていくか、それを可視化したい、と。デジタル動画を撮ってみる。その動画データをスロー再生したら、インクが水にどう溶けていくかが見えるのではないか。もちろん、なかなかうまくいかない。その後、糊状の素材を水に混ぜると、インクがゆっくり広がっていくということを発見するまで続いていった。

他にもいろいろなグループの取り組みがありますが、まさに「これって保育!」ですよね。小学校二年ですから、取り組みの規模は保育園等よりも大きいように見えますが、秋田先生が「クリエイティビティ」とおっしゃってくださったようなことが、実は、小学校以降の学びだって同じだと改めて思います。

これを「遊び」と言うか、「学び」と言うか。教科の単元ではあるけれども、一体化しているように思えます。小学校以降の学びも含めて、「学び」になっていくというのは、かなり「遊び」的にもなっていく。ただ、それら全体を言葉でどう説明していくんだろうとは思うんですよね。

探究と「遊び込む」ことと
――デジタル・ネイティブが広げていく発想

秋　田：私は授業研究等で、小学校、中学校、高等学校それぞれの研修等に入れていただいています。「探究する」ということについては、乳児の時は「探索」かもしれませんが状況としては「遊び込む」……、ひたむきにひたすらハマって夢中になっていく。その子が生きてきた時間や、それまでの経験が生かされて、気づきから問いと工夫が生まれ子ども自身のなかでつながっていく。そして、仲間ともつながっていく。

そういう瞬間については、乳幼児の場合は「遊び」と称されることが多いのですが、でも小学校以上でも実は、算数一つとっても先生の与えている問題からさらに「そうしたら、この場合はどうなんだろう……？」と、面白い授業であれば子どもからのさまざまな気づきや発想が広がっていくんですよ。生活科や理科や社会も同様でしょうけれど。

先ほどごらんいただいた、おもちゃの電車にカメラを載せた撮影映像も、もしかしたら「まちづくり」につながっていったりする。空き箱を積むような〝まち〟づくりの経験が重なっていくと、子どもはもっと「こうしたい」というアイデアが次々に湧いてくる。

そういう面白いことはつながっていく。本当に面白いものは、経験そのものが、子ども自身がエージェントになってつなげていくんです。

一人ではできないかもしれないけれど、仲間がいろんな発想を出してくれるからつながっていく。私自身はそういう〝質〟がこれからの在り方に問われていくと伝えたい。

そういう考え方こそが、〝達成目標〟的になることとは異なる、という点が重要だと思います。

以前に、鳴門教育大学の木下光二先生たちと、日本教育方法学会で「幼児期の遊びから児童期の学びへの接続を問う」というシンポジウムを行いました。[*15] その時に、木下先生が、幼稚園の教育課程では六月はどこも〈雨の経験をする〉というが、実際、雨の日に子どもたちを外へ出して保育をしている園はごくわずかである、と。雨の様子からいろんな取り組みを展開していく園もあるけれどもとても少ない。でも、教育課程には書いてある。ところが、書いてあるものと、実際の目の前の保育が一致していない。一致しなくても、それで今までやってきているからいいと思っている。大半が、雨だから中へ入ってなさいとなってしまう。そういうところを見直していくということが大事だろうとおっしゃったんです。

また、この間、東京学芸大学の高橋純先生と一緒になることがありました。その時に、高橋先生がクラウド型のデジタル使用の大切さを話されました。昨今のデジタル化されていく社会において、たとえばノートパソコンを〝スタンドアローン型〟[*16] のみで使う人間は、何かをある程度完成させてから「こうできました」と見せつつ仕事をしていく。でも、クラウド（デジタル）・ネイティブの人たちは、違うんです。クラウド上に「こういうデータ（素材）必要だね。アップしておいたよ」と言うと、それぞれ関わり合っている人たちが合間に「こんなことをつけたよ」とそれぞれに自分のペースで補足していく。そして、共有する段になると、いろいろな人の知恵が集まって、一つの形が新たに見えてできていく。これは、共同構築型の学びというのでしょうか。昨今、若手の保育

*15　秋田喜代美・川地亜弥子（コーディネーター・司会者）、浅井幸子・木下光二・岸野麻衣（提案者）「幼児期の遊びから児童期の学びへの接続を問う――架け橋期カリキュラムと教育方法（第五八回日本教育方法学会課題研究Ⅲ）」二〇二二年。

*16　**スタンドアローン型**　インターネットやＬＡＮなどネットワーク接続で動作する機器が多くなっているが、スタンドアローンはコンピュータを他のコンピュータと接続せずに、単独で動作（稼動）させている状態を意味する。コンピュータ間でデータをやりとりする必要がある場合は、フロッピー・ディスクやＵＳＢメモリなどを介して行われていた。

者も子どもたちもそうなってきているんです。私のような世代は、子どもが自力で一つずつ何かができて、ある程度達成することが、発達や学びで求められてきましたが、時代も、仕事の仕方も学び方も変わってきているという話を高橋先生が文部科学省中教審の「これからの教育課程」の会議でしてくださいました[*17]。

DX化とか、デジタル化という話は、イコール「ICT導入」というような大きな誤解があるんだけれども、基本的に記録の仕方も変わってきますから、関わり方が変わっていく、活動の在り方がネットワーク系になり、人とのつながり方が変わっていく。さらにモバイル化して、外へ出て「写真撮ってみようか」というような形で、従来の「全体を振り返ってから実践記録をつくろう」「話し終わってから、改めて保育室で振り返りましょう」という時代から確実にメディアの使用方法が変わってきているんです。

これからの子どもたちの育ちについては、そもそも家庭や社会でどのように置かれていくか、子どもたちが探究できる環境をどのようにつくっていくのかという点が問われていくのではないかと考えています。

保育者の仕事の仕方も同様でしょう。幼稚園での一人担任で四時間半なり五時間を自分一人で担っていた時代から、こども園や保育園でシフトを組んでみんなで協力し合い、同じ子どもたちをみんなで分かち合って保育し対話しながら育てていく時代へと変わってきている。本質は変わらないとしても、そのつながりや学び方の変化について考えていくことが必要かと思っています。

大豆生田：プロセスのなかに学びが結果的に生まれてくる。そのことこそが重要だというお話としてうかがいました。そうだとすると、たとえば「10の姿[*18]」の現場での用いられ

*17 文部科学省「今後の教育課程、学習指導及び学習評価等の在り方に関する有識者検討会論点整理」二〇二四年。

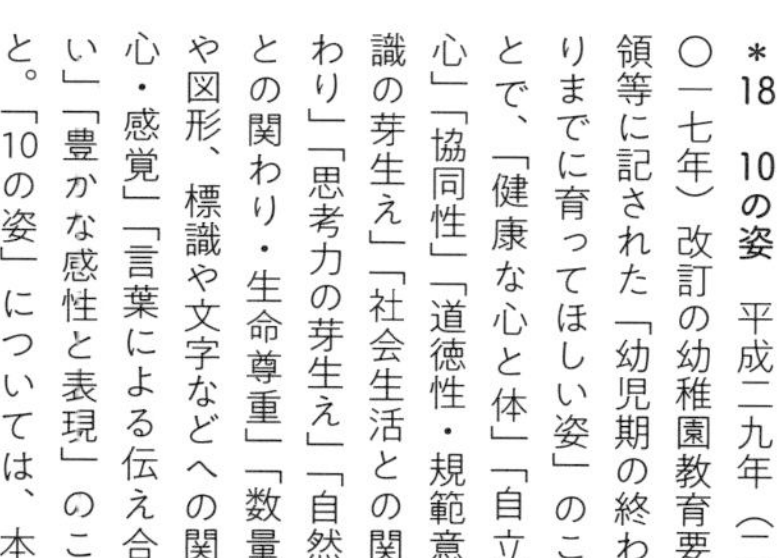

*18 10の姿 平成二九年（二〇一七年）改訂の幼稚園教育要領等に記された「幼児期の終わりまでに育ってほしい姿」のことで、「健康な心と体」「自立心」「協同性」「道徳性・規範意識の芽生え」「社会生活との関わり」「思考力の芽生え」「自然との関わり・生命尊重」「数量や図形、標識や文字などへの関心・感覚」「言葉による伝え合い」「豊かな感性と表現」のこと。「10の姿」については、本書四二―四五頁も参照。

方については、単に計画的に「10の姿」をバランスよく経験させるというよりも、さまざまな子どもたちの探究、協働といったワクワクのプロセスが生まれることが、結果的に10の姿が豊かに経験されていくというように捉えてもよいでしょうか。「10の姿のここを経験させるために」ではなく、クリエイティブな活動が生まれていくプロセスのなかで、結果的にそういうふうになっていくという点が大事だとすると、先ほどの小学校の教科や単元の話も結果的にそういう学びとなった……、というような。つまり、この取り組みのこの部分は算数のこれだったよねというように、後付けとしての「学びの履歴」であったりカリキュラムのデザインということになるでしょうか。もちろん、そうとばかりはいかないこともあるから、10の姿に照らして中長期的に振り返ることも必要にはなるのですが。

そして、それらのプロセスを考えると、子どものワクワクだけではなく、大人も一緒にそのプロセスのなかにあるという点が面白いですよね。〝環境を通して行う教育〟という、日本の保育・幼児教育が長年謳ってきた観点について、小学校以上にもその視点が大事だということになるのだと思います。

「環境を通して行う教育」再考

秋　田：日本の教育の理念である「環境を通して行う教育」の在り方を、私はとても大事に思っています。ですが、これまでは「環境」という言葉が非常にあいまいかつ多義的でしたから、地域の良さを生かしてきたともいえますが、その一方、環境そのものが変わってきていますよね。

そして、ＩＣＴについて言えば、デジタルということだけではなく、ある活動をより豊かにするために、環境と素材はどんなことができるかという挑戦を考えると、そこにはいろんなメディア（媒介物）が入ってくるだろうということになります。

そういう発想で考えていくと、小学校以上でも、電子黒板やデジタル教科書になるというだけではなく、タブレットも出てくるし、地域社会に出ていったり、逆に学校にいろんなものが入ってくるなどしてつながっていくと思っています。環境にアフォードされるということ[*19]。どういう環境か、環境と物の関係についてもっと丁寧に考えるべきであるとアリソン・クラークたちは書いています[*20]。

今までは、環境と物との関係はあまり考えられてはこなかった。先ほどの例でいえば、壊れたホウキをどういう文脈に置くかによる。掃除用具と考えて掃除箱に入れておく環境として考えている限り、使い古したホウキに過ぎませんが、子どもにとって新たに使えそうな道具の一つとして捉える場に置かれた時に、「あ、これ筆に使える！」。そのように、環境と物との関係……、こういう環境にこういう物が置かれるから、こんなふうに新たな見方ができる……、そういうことを柔軟に考えていくことはとても大事だと思っています。

静岡県富士市の幼小接続連携の取り組みに関わっているのですが、富士市は製紙工場がたくさんあるものです。だから子どもたちは、端紙で工作したり、使って余った紙を大きさによって分けて、まだ使えるとか捨てるとか……。そういう知恵がたくさんあるんです。

＊19 アフォーダンス アメリカの知覚心理学者ギブソン(Gibson, J. J.) が afford という動詞の名詞形としてつくった造語で、環境が動物に対して与える意味や価値のこと。物や環境は、行動を引き出す性質をもったものとして在り、環境ならびにその環境への過去の経験によって行動が引き出されるとする考え方。

＊20 Clark, A., & Nordtømme, S. (2019). Young children's perspectives of the material learning environment. In Patterson, C., & Kocher, L. (Eds.) *Pedagogies for children's perspectives.* Routledge. pp. 3-17.

紙漉きや製紙リサイクルが地域で当たり前に行われているため、子どもたちは、園でいらなくなった色画用紙や紙を工夫しながら使っているんです。

自分たちのお手紙を紙漉きでつくった紙に書いてみようという取り組みをしている園もありました。地域の伝統文化、製紙工場が数多くある富士市だから、こういうことが生まれるんだと思うんですよね。

また、京都の西陣や佐賀の有田などの地域文化と密接な環境に育っている子どもたちは、色を巡る品々が生活のなかに在る。地域に在る環境とそこで営んでいる保育実践と子どもたちとの関係について、保育者がどれだけ意識してデザインできるか。それがとても大事なのではないかと思うのです。

大豆生田：「まちと共に」など、自分の地域にすごくアイデンティティをもつ。あるいは、園そのものがまちづくりの拠点になっていく。そういうことは今後さらに重要かと私も思っています。[*21]

以前、鹿児島市で商店街にある小規模園（そらのまちほいくえん）[*22]にうかがいました。そこでは、子どもたちの活動が商店街や地域とつながっているのです。園の建物には保護者のみならず地域の人が購入できる総菜店を併設したり、地域の交流スペースまであります。「食べる」ことを重視しており、生産者ともつながり、子どもたちも自らクッキングすることも積極的に行っているのです。商店街が子どもの応援団になっているのはとても素晴らしいと感じました。

子どもたちが、自分が生まれ育っている町に親しみながら、何かを生み出していくことと、大人たちが生き生きとしながら、そこに集まってくること。それらは子どもたち

＊21　大豆生田啓友（編著）『園のリーダーのためのリスペクト型マネジメント③　多機能化と地域共創の園づくり』フレーベル館、二〇二四年。

＊22　そらのまちほいくえんのウェブサイト参照。

の学びでもあり、この町を愛していくという意識でもある。そして、町自身も活性化していくという側面も大事な視点ですよね。それは、それぞれの地域によってまったく違う。するとその地域の〝資源〟が保育においてもとても重要でしょうし、次世代を担っていく子どもたちが町の真ん中にいてこそ、となる。

秋田：私は大分県別府市に一〇年間ほど関わり続けていますが、別府は日本で最も温泉の色が多様なんです。そこで、「血の池地獄」の赤い色から顔料で絵の具みたいなのをつくり、子どもたちは染め物をしたり、描いたりする。[*23] 幼稚園も小学校も取り組んでいて、子どもたちが描いた絵を、血の池地獄のところに貼り出したりしている。さらに、観光客の方々がそこに付箋でコメントをつけてくれたりする。

コロナ禍により長く観光客が来られなかったわけですが、子どもも保護者も関心をもってその活動に巻き込まれていく。今までは、「子どもの教育」と「地域振興」は、別部署だったのですが、子どもと関わることこそが「まちづくり」であり、町の活性化につながるということに温泉街振興会の人が気づき、さらに盛り上がっているんです。そして、地域の新聞が取り上げてくれるなど、子どもたちは新たな希望を新たな形で、私たち大人が思いもよらない可能性を見せてくれる。そこに我々が学べるかどうか……。それは、保育でも、まちづくりでも、大事な点かと思います。

私自身はもともと、イタリアのレッジョ・エミリアで、[*24] 子どもたちが描いた作品などが町のなかではためいている風景が素敵だと思っていたんですけれど、今、実際に、日本各地で動き始めている。[*25] そういう面を大事にしていきたい。逆にいうと、都会のほうが〝地域〟が見えにくくて孤立が高まっているのではないか。危惧も感じていますね。

＊23　この実践については、以下の書籍および「地域の色・自分の色」研究会のウェブサイト（QRコード）参照。
「地域の色・自分の色」実行委員会・秋田喜代美（編著）『色から始まる探究学習――アートによる自分づくり・学校づくり・地域づくり』明石書店、二〇一九年。

＊24　レッジョ・エミリア　本書六八頁参照。

＊25　一般財団法人日本児童教育振興財団「日本のレッジョエミリア・アプローチ一〇〇のことば～想像と創造が生まれる教育のために～」（教育ビデオライブラリー74）参照。

過疎の地域も含め、保育や教育が〝社会をつくっていく、担っていく〟ということはどういうことなのかという点を考えていくことが大事だなと思っています。

困難な状況に置かれた子どもたちへ

大豆生田：一方では、経済状況も含めて二極化の問題もあるように思います。障害があったり、貧困状況に置かれていたり、外国籍等の子どもなど……。そういう多様な状況にある子どもたちと共に在る場としての保育・教育の在り方が、今後ますます重要だと思っています。しかし、これまではある意味、分断されてきた実態もあったのだと思います。インクルーシブといわれながら、障害のある子どもとそうでない子どもを分けるようなことがたくさんあったのではないかと思います。

秋　田：「保育とは養護と教育が一体となった取り組み」といわれますが、小学校以上の学校環境は養護教諭と教室で子どもたちの学習指導にあたる教員が分けられたりする、不思議な空間ではあるんです。

私自身は、ケアと教育は、常に両面が必要だと考えています。すべての子どもにおいて重要ですし、イタリアのレッジョ・エミリアでは、「特別な支援を要する」ではなく「特別な権利をもった」子どもと呼ばれています。つまり、どの子も、手厚く教育を受ける「権利」をもっているんです。

私たちは長い目で子どもを見ていく必要があります。そして、乳幼児期こそ多様性を受け入れやすい時期だと思っています。もしも概念の枠がつくられていくことによって人々が分断されていく危険性があるとすれば、最も根源的に人が人として周りとつながろうという……そういう欲求をもっている（乳幼児の）時期に、さまざまな異質な人が言語的な対話だけではなくて、非言語的な感性・感覚的側面も含め、情動的に喜び合ったり、一緒に苦しんだり、共生感覚を共有していくということが、とても重要でしょう。

実は、そういう場が毎日あるということが大事なのであって、特別な日に特別なことを尊ぶのだけではない。多様な子どもたちの成長を考える際に、長い目で見ればみんな少しずつ変わっていくんです。定型発達といわれる子どもは、比較的一定の筋道と速度で成長していきますが、ペースがゆっくりの子どももいます。そして、本人が困っているような子どもたちも、同じような権利や、声が聴き取られる主体として、私たちが捉えていく、耳を傾けて聴いていくことが大事であろうと思っています。

忙しい社会、急がされる社会では、差異が目立つかもしれません。ですが、私が「スロー・ペダゴジー」という言葉に魅かれているのは、ゆったり、じっくり、人が関わっていく価値を今こそ考えたい。もちろん、人によって何が好きで何にこだわりをもつかという点は違いますから、ゆっくり歩くことが得意な子もいれば走るのが好きな子どももいる。その子のリズムに……その人の「今ここ」に価値を置いて、私たちが認め合っていく社会をつくっていくということ、そして、そこに至るプロセスでその子どもがどういうことを経験したか、それこそが宝物ですよね。

いかなる子どももいかなる背景がある人も変わりがなく、その尊厳とプロセスが大事にされるべきだと私は思っています。もっといえば、〃経済格差〃の問題ではなく、〃希望の格差〃が生じていることが、現代社会のなかで最も深刻な問題なのです。

貧困かどうかは生存という意味では極めて重大な問題です。しかしそれ以上に自分が将来どうなるのかへの見通しや展望をもてることこそ、最も問われねばなりません。今がどうあっても、保育や教育の場で子ども、保護者、保育者たちが希望をもてる取り組みが行われていくことが大事であろうと思っています。

医療的ケア児と共に育ちゆく子どもたち

大豆生田：先日、ある保育園で、医療的ケア児がいるクラスの保育を見せていただきました。周りの子どもたちはその子に関心をもちますが、その子は車椅子に乗っている。すると目線がちょっと高い。だから子どもたちは直接関われない……、けれど、関わりたい。そこで、園の先生方は、その子の座位置を変えるようにして、触れ合えるようにしたところ、周りの子どもたちは、先生たちが関わっているようにその子に関わるんです。先生方の様子をそんなに見ていたんだ……、と思うぐらい子どもたちは見ていたのです。大きな子たちは、その子のことを「こういうふうに言っているんだと思うよ」と代弁をするようになってくる。その子の気持ちに立って、その子のことを語る。

多様な子たちが共に育つ場があることで、子どもたちは支援を必要とする子たちを特別な子とは見ないようになるのですね。そして、人はみんな多様だし、だから互いに助け合うことは当然のこととなるのです。乳幼児期からそれが当たり前の環境として在ること。これからは、そういうことが広がってほしいと思います。

秋　田：大阪のある小学校なのですが、少し前までは、そこでは普通学級と特別支援学級を分けない教育に取り組んでいました。重度心身障害で車椅子に乗っている子どもが教室で一緒に学んでいる。そして、その子が発言できる時は他の子どもは聴くし、その子が欠席の時には、「彼はこう言うと思う」っていうふうに言える子がいる。受け入れられている関係がある。

「学び合う」ということは抽象的な言葉でいえばインクルージョンかもしれないし、包摂性かもしれませんが、人とのつながり方ということではそのクラスの子どもたちそれぞれが生涯、人とどうつながっていくかという時に、その学級の在り方はとても大事だと思ったんです。

そのように考えますと、手厚い制度をもって分断されていることがいいのか。特定の子は特定の人が見るというような分業によって、階層的な組織が学校や園でつくられるとすると、それは後々、大きな課題になっていくのではないだろうか。

また、以前、経済的にたいへんしんどい、いわゆる困難校と呼ばれる小学校に研修で関わったことがありました。その学校にドスの利いた声の女の先生がいました。そこは家庭が経済的に困難な地域で、そこの地域から教師になる人が現れるということはそれまでほぼあり得ないといわれていた。だけれど、その地域の出身の先生がそこにいる。

すると、その先生は子どもにものすごく厳しいんですが、子どもたちがついていく。最初は「こんな言葉遣いをする先生がいるのか……」と私は驚きもしましたが、子どもたちにしてみたら、「この先生は自分たちと同じところで育っている。僕らも頑張れば、この先生みたいに先生になれるんだ」……。それが、彼らの希望だということが伝わってきた。改めて、子どもたちは身近な人と共に考え合いながら共に生きていくことが大事だと思いました。

保育園では、困難な子に関してはその子どもの親をも支えています。経済的にお風呂に入れない子を園でそっとお風呂に入れてあげていたり、食べ物の支援もしていたりする。現場の保育士さんが潰れそうになりながらも親身になってやっている。

では、今の私に何ができるのかと自責の念に駆られます。私は決して制度的なことは得手ではないけれども、でも、この方たちの処遇や職場環境が改善されるなら、そのために誰かが声をあげなければいけないんだったら、たまたまそういう役回りが与えられれば使命と思って私は取り組もうと思って引き受けています。

保育関係の予算に関わる国の委員会にも出席していますが、私は経済の専門家でも社会保障全体や法律の専門家でもありませんから、そういった委員会ではいつも孤独です。保育関係者として出ているのは私一人です。でも私の背後には何万人という保育者の人の処遇がかかっている、組織の将来がかかっていると思うと、これは勉強し耐えてやらねばいけないと、この頃、私は考えています。

「専門家ではないので知らない……」、というわけにはいきませんから、心理学者がこんなことを勉強するかというようなことを学び、いかにして子どもや保育のところにお金が回るように戦うか。私は私なりに引き受けられる公的使命を今引き受けようと思っています。

我々の先輩たちがやってくださればよかったのですが、みんなリタイアされています。保育の実践や内容については、多くの方々が専門性を発揮しておられましたが、「財源、お金の諸問題をどうするの？」という時に、行政と渡り合ってくださる方が多くはおられない。もちろん、私一人が担っているわけではまったくありません。けれども、今や、その立ち位置にたまたまいる人間として引き受けています。保育士や園を支援するという仕事には私より適任の人がいるだろうとも思いつつも、天から降ってきたとしか思えない仕事を引き受けて一生懸命に尽力させてもらっています。

保育・幼児教育の未来を語る

秋　田：日本の保育にはいろいろあります。私は実践者ではありませんから、現場の先生方をとても尊敬しています。自分にはとてもできない。子どもにあんなふうに関わることはできないと思います。

先だって、とある園で「子どもをどう見るか」というスロー・ペダゴジーに関わる場面に遭遇しました。子どもが、自分で組み立てたスノコの上に台を載せて登っていったんですけど、ある子だけが登れないんです。その子だけが何度も落ちてうまくいかない。ですが、その後、スノコを裏返すんです。すると、スノコの裏には段がついている。それを使って、彼は自分なりに、そのスノコを、足を止めながら上に上がっていった……。

そういう場面を見た時に、多くの子どもは何気なく登れるけれど、この子は登れなかったがゆえに、逆にこのスノコというものと本当に向き合って、なんとかしたいから考えてできるようになっていった。そういう逆転の発想は子どもを見ていく時にも多々あり得るのではないか。スロー・ペダゴジーという言葉があります。スロー・ペダゴジーの本にも引用されていて、丁寧につぶさに見るからこそ、見えてくる可能性がある。それを、これまでの日本の先生方はとても大事にしてきたと思っているんです。

元ＯＥＣＤ大使の兒玉和夫さんに教わった言葉ですが、「一年ならイベント、三年続けば人の記憶に残る、一〇年続けば文化が生まれ、二〇年続けば歴史に残る」。保育の改革や保育実践は短時間で語られがちなのですが、たとえば保育園も一〇年続くと園の文化ができて、二〇年続くと園の歴史に誇りがもてるようになるんです。

いろんなところで実践にずっと関わり続けさせてもらってきて、私は「すごい園……というのではない（一見普通の）園」に関わってきたからこそ、その園が変わっていく様に一緒に立ち会わせてもらったり、学ばせてもらったりしたことによって、どの園もそうやって変わろうとし続けることが、その園の文化や地域との文化をつくっていくんだということを実感しています。

未来を考えた時、過去の歴史を引きずりつつもこれから動いていくなかで、これが大事だと保育者の方々が思うもの、各園の文化などが結局のところ尊ばれていく。今から二〇年後、「二〇年前に豆さんと対談した時、こんな話が出たね」と言いながら「あれから、日本の保育はこんなにも良くなってきてよかった……」と振り返ることができる日が未来に来ることを願っています。

秋田喜代美先生との対談を終えて

「ウェルビーイング」という視点

秋田先生から、「一人ひとりの子どもたちが、生涯、「今ここ」がウェルビーイング……幸せであると同時に、生涯にわたって幸せであり、かつ、持続可能な社会のつくり手になる」という視点が示されました。秋田先生が座長のもとご一緒させていただいたこども家庭庁の審議会および部会では、「こども大綱」および「幼児期までのこどもの育ちに係る基本的なビジョン（はじめの一〇〇か月の育ちビジョン）」（以下、育ちビジョン）を策定することができました。「育ちビジョン」では、ウェルビーイングを「身体的・精神的・社会的な全ての面を一体的に捉えた観点（バイオサイコソーシャルの観点）での幸福を指す概念」とし、「ウェルビーイングの向上を、生涯にわたり実現することが、こどもの最善の利益を考慮していく上で重要である」ことに通じているといえます。

また、先生は「遊ぶ権利」についても触れられていますが、「育ちビジョン」においても、ウェルビーイングを高めるものとして「遊び」が示され、「こどもの生活の中心は遊び」で、「こどもが主体的に興味を持ち、夢中になって心と身体を動かして行う行為」であり、「それ自体が目的」であることが示されています。

持続可能な社会のつくり手
――「エコシステム」としての園

もう一つ。先生が述べられた「持続可能な社会のつくり手」、あるいはエージェンシー（agency）の視点。これは、現行の「幼稚園教育要領」の「前文」に記された「一人一人の幼児が、将来、自分のよさや可能性を認識するとともに、あらゆる他者を価値のある存在として尊重し、多様な人々と協働しながら様々な社会的変化を乗り越え、豊かな人生を切り拓き、持続可能な社会の創り手となることができるようにするための基礎を培う」がまさにそうだと思います。エージェンシーについて、「よりよい未来の創造に向けた変革を起こす力」ともいわれますが、紹介された壊れたホウキから生み出される遊びの事例がとてもよかったです。それは、壊れたホウキに端を発して、子どもの発想から協働的に再利用が生まれています。まさに、よりよい未来の創造に向けた変革を起こす協働的な力といえるでしょう。先生は、そこには創造性やクリエイティビティがあり、「循環型社会」や「自然共生型社会」等の「エコシステム」の視点があることを述べていることもまた、今後の保育の重要な視点です。

「環境を通して行う教育」再考

さらに、幼児教育の重要な特徴となっている「環境を通して行う教育」も多様な視点から語ってくださいました。「エコシステム」の視点もそうですし、ＤＸ時代の共同構築型の学びという視点もこれからの重要な視点だといえます。さらに、地域文化との関わりのなかでの保育の視点も重要です。まさに、地域振興と教育・保育が一体化された取り組みであり、子ども自身が生まれ育って地域に愛着をもつと同時に、子ども自身が地域振興（まちづくり）の当事者となり、エージェントとなる取り組みといえます。子どもと関わりのない人とのつながりにもなり得る取り組みです。これまで、ともすると、保育が園内で自己完結する傾向もありましたが、まさにこれは地域に開かれ、協働する取り組みであり、まさに持続可能な社会づくりとしての環境を通して行う教育の再考といえるでしょう。

これまでの日本の幼児教育の大きな特徴である「環境を通して行う教育」の視点を、よりエコロジカルでグローカルな社会形成の視野から示していただき、それを教育全般に通じる視点として提供いただいたと思います。

スロー・ペダゴジーへ

そして、先生は冒頭から、そして最後にもスロー・ペダゴジーのお話をしてくださいました。まさに、これまでの社会は、効率、成果、速さ、競争などが重視された社会でした。教育もそうした社会の風潮に飲み込まれ続けていたといえるでしょう。早くできるよりも、そのモノとゆっくり対話し、感じ、味わい、試行錯誤するプロセスに価値を置く考え方ともいえます。それは、多様性が尊重される社会、インクルーシブな社会でもあります。ここにも、持続可能な社会形成と保育・教育の関連が語られていました。

秋田先生のお話は、まさに「保育から世界が変わる」に通じる内容でした。また、大切な実践は有名な園の素晴らしい取り組みのなかにだけあるのではなく、どこの地域の、どこの園のなかにもある、子どもと環境の関わりの小さな出来事のなかから生まれるものだというメッセージを随所に感じました。目の前の子どもと保育者の小さな出来事のなかに、世界への親しみや愛が生まれており、そこに保育の大切な希望があるのです。そして、その保育という営みの傍らに、研究者という立場ではありますが、参画させていただいていることに大きな感謝を感じました。

聞き手・木村の〈視点〉

秋田 喜代美×大豆生田 啓友

子どもに注ぐまなざしの確かさに……

本対談の場での音声や空気感をお伝えできないことを誠に残念に思う。というのも、秋田喜代美先生が子どもの様子を語る時の、とりわけとっておきの映像を見せてくださりながら語る時の口調が、ただただ子どもという存在に惚れ込んでいる人のそれそのものだからだ。

リスペクト（尊意）。

子どもという“小さな人”の存在の尊さ、一人の人格ある市民として育ちゆく人たちへの慈しみのまなざし。けれど、そこには、ノスタルジー的な（?）感傷は露もない。子どもの育ちの在りようを確（しか）と見定め、大豆生田先生とのやりとりで、「経験の質」「教育の質」が語られていく。そして、「本当に面白いものは、経験そのものが、子ども自身がエージェントになってつなげていくんです」。さらに、「環境を通して行う教育」の在り方も言及され、これまで関わりのある各地での取り組みの例が紹介されてゆき、子どもたちが育つ場にある“地域の資源”について思い巡らせる展開となる。

小さな人たちと共に在る我々大人は、どう在りたいか。この社会はどう在りたいか。その実現のために秋田先生ご自身は数多の困難に挑み続けておられる。「保育関係の予算に関わる国の委員会にも出席していますが、私は経済の専門家でも社会保障全体や法律の専門家でもありませんから、そういった委員会ではいつも孤独です。（…中略…）でも私の背後には何万人という保育者の人の処遇がかかっている、組織の将来がかかっていると思うと、これは勉強し耐えてやらねばいけないと、この頃、私は考えています」。

秋田先生はかつて教え子さんが米国で博士課程を修了後帰国なさった際に、「これから1,000園の現場を訪ねなさい」とおっしゃったという。現場を知らねばならぬ。知見のみの議論は時に机上の空論に過ぎない、実際の子どもたちの姿に目を凝らせ……ということだろう。子どもが真摯に見つめる先……その集中の気配を見やる秋田先生。子どもという存在への深い関心、愛のまなざしそのものと思われる。

本対談の最後の段落に記されている、お二人が20年後に振り返った時に……という一言には、おそらく読者の方々誰もがご自身の20年後、振り返る20年という歳月を思わずにいられないのではないか。さらにはおおよそ3世代……100年の後の世を今の我々はどう見据えていくか。保育という営みによって着実に変わっていく“世界”を存分に思い描きたい。リアルな意識と多彩な視点、そして誠実な実践をもってこそ、この世界は変わり得るに違いないのだから。

聞き手紹介

木村 明子（きむら・あきこ）

ファシリテーター。エディター・ライター。保育者養成校教員。
大学で教育学を学んだ後、子ども・保育・教育のジャンルで雑誌原稿の執筆や単行本執筆・編集を行う。2005年より、P研〈保育者の専門性研究会〉の企画・運営。また、同年度よりNPO法人東京都公立保育園研究会の子育て支援活動の取り組み支援に携わる。その他、一般財団法人文民教育協会子どもの文化研究所運営委員、等。
主著 『保育者論』（共著、ミネルヴァ書房、2018年）、『子どもと働く』（単著、ぺりかん社、2014年）、『保育園・幼稚園で働く人たち』（単著、ぺりかん社、2012年）ほか。
編集として携わった書籍 『コミックで発信★保育に活かす子どもの権利条約――「保育通信」より』（公益社団法人全国私立保育連盟：編、エイデル研究所、2022年）、『子どもの権利――次世代につなぐ』（喜多明人：著 エイデル研究所、2015年）、『共育て共育ち 鳩の森愛の詩保育園』（汐見稔幸：監修、小学館、2005年）ほか。

対談者一覧

※プロフィールの詳細は各対談の扉ページ参照

渡邉 英則（わたなべ・ひでのり） 港北幼稚園園長・ゆうゆうのもり幼保園園長。

無藤 隆（むとう・たかし） 白梅学園大学名誉教授。

苫野 一徳（とまの・いっとく） 熊本大学大学院教育学研究科准教授。

山口 慎太郎（やまぐち・しんたろう） 東京大学大学院経済学研究科教授。

明和 政子（みょうわ・まさこ） 京都大学大学院教育学研究科教授。

村上 靖彦（むらかみ・やすひこ） 大阪大学大学院人間科学研究科教授。

荒牧 重人（あらまき・しげと） 山梨学院大学名誉教授、子どもの権利条約総合研究所代表。

秋田 喜代美（あきた・きよみ） 学習院大学文学部教授、東京大学名誉教授。

著者紹介

大豆生田 啓友（おおまめうだ・ひろとも）

玉川大学教育学部教授。専門は、乳幼児教育学、子育て支援。

青山学院大学大学院文学研究科教育学専攻修了後、青山学院幼稚園教諭等を経て、現在。日本保育学会副会長、こども環境学会副会長。

こども家庭庁「こども家庭審議会」委員および「幼児期までのこどもの育ち部会」委員（部会長代理）、文部科学省「今後の幼児教育の教育課程、指導、評価等の在り方に関する有識者検討会」委員、栃木県幼児教育センター顧問、よこはま☆保育・教育宣言運用協議会委員、NHK・Eテレ「すくすく子育て」出演、テレビ静岡「テレビ寺子屋」出演、等。

主著 『多機能化と地域共創の園づくり』（編著、フレーベル館、2024年）、『子どもが中心の「共主体」の保育へ』（監修、小学館、2023年）、『「個別最適な学び」と「協働的な学び」の一体的な充実を目指して』（共著、北大路書房、2023年）、『あそびが学びとなる子ども主体の保育実践 子どもと社会』（編著、Gakken、2023年）、『非認知能力を育てる「しつけない」しつけのレシピ』（共著、講談社 2021年）ほか多数。

大豆生田啓友対談集　保育から世界が変わる

2025年1月20日　初版第1刷発行
2025年2月20日　初版第2刷発行

著　者　大豆生田啓友
聞き手　木村明子
発行所　㈱北大路書房
〒603-8303　京都市北区紫野十二坊町12-8
電話代表　(075)431-0361
F A X　(075)431-9393
振替口座　01050-4-2083

ISBN978-4-7628-3275-8
装丁／こゆるぎデザイン
印刷・製本／共同印刷工業㈱
落丁・乱丁本はお取り替えいたします。
定価はカバーに表示してあります。

北大路書房の好評関連書

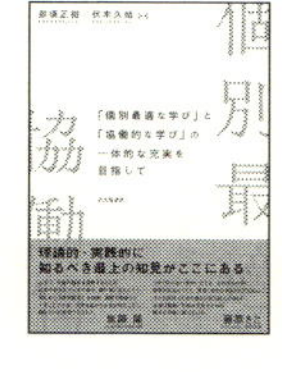

「個別最適な学び」と「協働的な学び」の一体的な充実を目指して

奈須正裕・伏木久始（編著）
ISBN978-4-7628-3238-3　A5 判・352 頁・本体 2,400 円＋税

個別最適な学びと協働的な学びの一体的な充実とは。この問いに，当代きっての著者たちが，理論と実践の両側面から迫る。

人はいかに学ぶのか
授業を変える学習科学の新たな挑戦

全米科学・工学・医学アカデミー（編）
秋田喜代美・一柳智紀・坂本篤史（監訳）
ISBN978-4-7628-3249-9　A5 判・396 頁・本体 4,200 円＋税

脳科学・神経科学の進展や動機づけ研究の発展，さらに文化的多様性やICT 等といった切り口から，人の「学び」の謎に迫る。

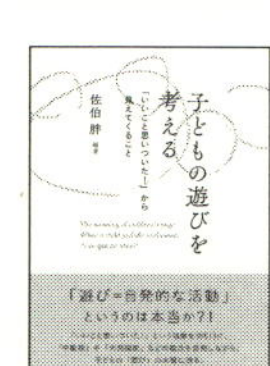

子どもの遊びを考える
「いいこと思いついた！」から見えてくること

佐伯　胖（編著）
ISBN978-4-7628-3229-1　四六判・248 頁・本体 2,400 円＋税

「遊び＝自発的な活動」というのは本当か？！　「いいこと思いついた！」という現象を切り口に，子どもの「遊び」の本質に迫る。

ニューロマイノリティ
発達障害の子どもたちを内側から理解する

横道　誠・青山　誠（編著）
ISBN978-4-7628-3247-5　四六判・312 頁・本体 2,200 円＋税

ニューロマイノリティとして生きている子どもたち。彼らの体験世界を「内側」から描くことで，「発達障害理解」に革命を起こす。

生命と学びの哲学
育児と保育・教育をつなぐ

久保健太（著）
ISBN978-4-7628-3255-0　四六判・328 頁・本体 2,000 円＋税

育児，保育・教育について熟考してきた著者の多彩な論考から，保育の実践知を言語化するために必要となる「哲学」を掘り起こす。

子どもの声からはじまる　保育アセスメント
大人の「ものさし」を疑う

松井剛太・松本博雄（編著）
ISBN978-4-7628-3257-4　A5 判・228 頁・本体 2,600 円＋税

子どもの声に耳を傾け，対話し，揺らぎながら，自分の「ものさし」を問い直す，「保育アセスメント」の新たなカタチを模索する。

（税抜き価格で表示しています。）